AF465340

ESSAY
d'un
DICTIONNAIRE
contenant la connoissance
DU MONDE,
des
sciences universelles,
et Particulierement
Celle des Medailles, des Passions,
des Moeurs, des Vertus
et des Vices. etc.
Representée par des Figures
Hyeroglyphiques, expliquées
en Prose et en Vers.
de nos Seig.r

ESSAY
D'UN
DICTIONNAIRE
CONTENANT LA CONNOISSANCE
DU MONDE,
DES
SCIENCES UNIVERSELLES,
ET PARTICULIEREMENT
CELLE DES MEDAILLES, DES PASSIONS, DES MOEURS, DES VERTUS ET DES VICES, &c.

Representé par des Figures Hyeroglihiques, expliquées en Prose & en Vers.

A WESEL,
Chez JACOBUS van WESEL, Marchand Libraire.
1700.

A Son Altesse Serenissime

Onseigneur Le Comte Palatin du Rhin, Architresorier & Electeur du St. Empire, Duc de Baviere, Jullet, Cleve & Berge, Comte de Veldentz, Sponheim, de la Marck, Ravensberg & Mœrs, Seigneur de Ravenstein, &c.

MONSEIGNEUR.

Es graces & les faveurs que j'ay reçeuës de vôtre Serenité Electorale & sa protection dont Elle m'a honoré, m'ayant engagé détablir mon petit commere dans cette Ville de vôtre residence & rempli le cœur des sentimens de zele & d'ardeur pour vôtre service & de reconnoissance pour vos bontés, dans le desir que j'ay creu Monseigneur *que vous ne des approuveres pas la liberté que j'ay prise de mettre à la tête de ce petit livre le nom Auguste de vôtre* Serenité Electorale, *& d'oser en même temps Vous le presenter. J'ose me flater de l'esperance que la matier qu'il contient ne Vous sera pas desagreable puis qu'elle donne une idée generale des sciences Universelles pour la decouverte, & la connoissance desquelles tant de grands hommes ont travaillé, ces sciences étans plus intelligibles & plus fa-*

faciles representées comme elles sont ici par des figures hyeroglifiques, par des devises & des emblemes qu'on a eu soin d'expliquer en Prose & en Vers, pour parler aux yeux & à l'esprit en même temps. Vous y verrez Monseigneur *des tableaux naifs & racourcis, non seulement des Disciplines & des Sciences, mais aussi des mœurs des hommes & de* [illegible] *Sur tout mille diferens portraits de la vertu dont Vôtre* Serenité Electorale *est nn si grand & si Illustre exemple. Je m'arréte ou je ne pourrois asses m'étendre & n'ay garde d'entreprendre de peindre ces grandes vertus que Vous possedes dans un degré si éminent, ny de parler de ces grands avantages qui ne Vous font pas moins distinguer entre les grands esprits par les lumieres du vôtre & sa vive penetration, qu'entre les grands Princes & les plus* [illegible] *par des Heros* [illegible] *ne pourrois sans* [illegible] *un éloge que les plus* [illegible] *faire qu'imparfaitement* [illegible] *un respectueux silence* [illegible] *seure, authorisé de la modestie de Vôt*[illegible] Serenité Electorale, *je me contenter*[illegible] *de Vous supplier trés-humblement* Mon[illegible]seigneur *dagréer ce petit temoignage d*[illegible] *mon zele & de ma bonne volonté, d*[illegible] *vouloir continuër de m'honorer de Vo*[illegible] *graces & de Vôtre haute protection, &* *de recevoir dans les sentemens de vôtr*[illegible] *douceur & bonté ordinaire, l'asseuranc*[illegible] *de me soumission & du profond resp*[illegible] *avec lequel je suis,*

MONSEIGNEUR

De Vôtre Serenité Electorale

Le trés-humble & trés-obéissant
Serviteur

Jacobus van Wesel.

PREFACE.

Ous les Hommes du Monde demeurent d'acord que les Sciences & les Vertus, sont dignes d'être recherchées. Mais il faut avoüer en même tems que les difficultez, qui se recontrent dans l'étude de la Sagesse, soit divine, soit humaine, & principallement celles qui se rencontrent dans la pratique de la Vertu d'étournent la plûpart des gens de cette recherche. Ce sont des Roses qui ont leurs épines. Qu'on me pardonne cette comparaison dans la vuë que je me propose de recommander l'excellence de la Doctrine qui s'enseigne par des similitudes Hyeroglifiques. Tous les Grands Hommes de l'Antiquité, & principallement le Souverain Docteur tant du Monde que de l'Eglise la doivent rendre recommandable. En effet c'est par cét Innocent & Ingenieux Artifice, qu'on étale agreablement & qu'on rend sensibles des Verites dont bien souvent on ne Voudroit pas se donner la peine de s'intruire par d'autres voyes que par celles-là. Il est certain d'ailleurs, que les Emblémes aprés avoir éclairé l'esprit, remuent les Passions, & qu'on aime presque toûjours ce qui est agreable, & utile tout à la fois. C'est là le Caractére de la Science Hyroglifique, & c'est ce qui la doit rendre digne de toute nôtre attention. Elle ne renferme pas seulement les Tableaux des Passions humaines, des Moeurs, des Vertus, & des Vices; on y trouve outre cela des Histoires, qui quoy qu'emblematiques & abregées ne laissent pas d'être claires & intelligibles, & par lesquelles on aprent dans un moment, & dans un clin d'oeil ce qui coûteroit des jours entiers par une autre voye. Outre l'Histoire on y peut apprendre la Fable, dont la connoissance est absolument nécessaire pour l'intelligence des anciens Auteurs, pour faire briller une Conversation, pour orner un Discours, en un mot

pour

pour l'utilité de tous ceux qui professent les Arts tant Liberaux que Mechaniques. Comme je ne doute pas que cét Ouvrage, sur tout dans la forme où je l'ay mis, ne trouve des Amateurs, j'ay bien voulu le publier, & je ne discontinueray point de travailler sur cette matiere, laquelle est inepuisable.

Amour donté

1
AMOUR DOMTÉ
2
AMITIE
3
ACADÉMIE
4
ABONDANCE
5
AME BIEN
HEUVEUSE
6
AME COURTOISE
ET TRAITA-
BLE
7
AMOUR VERS
LA PATRIE
8
AURORE
9
AUTORITÉ
10
AUMOSNE
11
ABSTINENCE
12
ACOUTUMANCE
13
AYDE
14
AMOUR DE
SOITS
15
AMITIE
VERITABLE

1. Amour domté.

Lors que je suis dans mon Printemps,
Je domte le Berger, le Roi, l'homme de Lettres:
Mais je suis domté par le temps,
Le plus puissant de tous les Maîtres.

A*Mour domté.* Vous voyez ce petit Dieu assis sur une Montagne, fouler au pied son Arc & ses flêches, aiant perdu son flambeau, tenant une horloge de sable en sa main droite, & de la gauche un petit oiseau maigre & décharné que l'on nomme plongeon, qui represente la misere.

Le flambeau que l'Amour a perdu montre sa pauvreté qui le conduit au desespoir jusqu'à fouler aux pieds ses propres armes, l'horloge qu'il tient est le symbole du Tems, qui modere toutes les passions de l'ame, & particulierement celle de l'amour.

2. Amitié.

Ma fidelité, ma constance
Ne ployent sous aucun effort;
Les perils les plus grands, ni la plus grande absence
Ne peuvent rien sur moi, non pas mêmes la mort.

Amitié. Elle est ornée d'une robe blanche, ayant l'épaule gauche aussi nuë que la gorge; elle a une Guirlande de fueilles de Myrte & de fleurs de Grenadier entrelassées, avec les mots HYEMS & ÆSTAS, qui signifient *l'Hyver & l'Esté*; de sa main droite elle montre son Cœur, où sont écrites ces paroles en lettres d'or LONGE & PROPE, *Loin & prés*; & celles-ci au bas de sa robe MORS & VITA; La mort, & la Vie: elle empoigne avec la main gauche un Ormeau sec, environné d'un cep de vigne.

3. Academie.

Les Alexandres, les Césars
M'occupent dans ma solitude.
Mais mes plus grands travaux, ma principale étude,
Sont les Sciences & les Arts.

Academie. Femme entre deux âges d'une Majesté Heroïque, portant une Couronne de finor, son habillement de diverses coulleurs, elle tient de sa main droite une lime avec ces mots alentour DETRAHIT ATQUE POLIT; & de la gauche une Guirlande faite de Myrte de Laurier & de Lierre, où pendent deux pommes de Grenade; sa chair est parsemée de feuillages & de fruits de divers arbres, & reside ordinairement dans un lieu solitaire, ayant à ses pieds des livres dont un singe se jouë.

4. Abondance publique.

Lors que je meurs tout est en deuil,
Tout l'Univers n'est qu'un Cercueil,
Aussi la joye revient bien vîte,
Du moment que je ressuscite.

Abondance publique. C'est une femme superbement vétuë couronnée de lauriers s'apuiant sur une Corne d'abondance remplie de toutes sortes de richesses; & de sa main gauche elle tient quantité d'Espys, de Palmes & de Lauriers, qu'elle laisse tomber indiferemment pour en regaler le Public.

5. Ame bien heureuse.

L'éclat dont je brille à vos yeux
Fait voir quelle est mon origine,
Elle est Celeste, elle est Divine,
Aussi volé-je dans les Cieux.

Ame bien heureuse. Fille dont la grace & la beauté sont également jointes ensemble; elle a une Etoile sur la tête, des ailes

les au dos, le visage couvert d'une voile transparante, & une robe éclatante, & deliée.

6. Ame Courtoise & traitable.

Je suis de tous les Animaux
Le plus soumis à l'homme & le plus sociable;
Temoin ce Poëte admirable,
Que je sauvai jadis de la fureur des flots.

Ame Courtoise & traitable. Les Naturalistes nous disent qu'il n'y a point d'animal plus ami de l'homme, que le Daufin sans qu'il y paroisse aucun interêt; voilà pourquoi on le peint avec une nudité qui se répose sûr lui.

7. Amour pour la Patrie.

Nul peril ne peut m'arreter,
La mort dût-elle m'emporter,
Puis qu'il s'agit de ma Patrie,
Je méprise mon sang, je méprise ma vie.

Amour pour la Patrie. Voyez ce vigoureux Guerrier qui se tient de bout entre une grande flamme de feu, & une épaisse exhalaison de fumée, vers laquelle il tourne les yeux avec une mine resoluë & une asseurance inébranlable; en sa main droite il porte une Couronne d'herbe; & en la gauche il en tient une autre de chesne; il est armé à l'Antique pour montrer qu'il est bon Citoyen; & quoi qu'il semble devoir aprehender le danger qui le menace, il meprise tout, marchant sûr des Armes & foulant les Epées nuës.

8. Aurore.

Les Etoiles du firmament
Ne sçauroient soûtenir ma presençe un moment:
Et moi je ne scaurois soûtenir la lumiere
De l'Astre dont je suis l'aimable Avantcouriere.

Aurore. L'aimable fourrier du jour à qui l'on donne des ailes comme à la Renommée, se fait remarquer par le vermillon de ses joües, & par sa robe de couleur jaune; elle tient un flambeau d'une main, & seme des fleurs de l'autre, serenant l'air à son arrivée, qui cependant rejoüit la terre & les plantes, qu'elle arose de ses larmes.

9. Authorité.

Ce Sçeptre & ces deux Clefs que je porte en mes mains
Sont les marques de ma Puissance:
Qu'on ne me parle point de Vertu, de Science;
Je decide à mon gré du destin des Humains.

Authorité. Je ne pense pas que la Puissance ou l'Authorité se puisse mieux peindre que comme la voilà representée par cette Dame venerable, assise dans un magnifique Thrône, & vêtuë d'une belle robe couverte de pierreries avec deux Clefs en la main droite, un Sçeptre en la gauche, & à ses côtez un double Trophée d'Armes & de Livres.

10. Aumône.

Quand tu donnes aux Indigens,
Ne fais point sonner la Trompette:
Que ta main gauche dans ce tems
Ne sçache point ce que fait ta main droite.

Aumône. Celle qui la fait ici à un petit Enfant, a les deux mains cachées sous la Robe, & sur la tête un flambeau allumé qu'une Branche d'Olivier environne: les mysterieux symboles nous aprennent, Qu'il ne faut pas que la main gauche sçache ce que fait la droite, quand on donne l'Aumône, qu'en secourant les Pauvres, nostre bien ne diminuë non plus que la clarté d'un flambau où l'on en allume un autre; & que c'est la Misericorde figurée par l'Olivier, dans les Saintes Lettres, qui nous doit émouvoir à faire l'Aumône.

11. Abstinence.

Ne sois point sujet à ta bouche.
Aprends que quelquefois tu la dois refuser:
Ces Metz excellens que je touche,
J'en use sans en abuser.

Abstinence. L'effet de cette Vertu se voit

1
Amour Divin
2
Artifice
3
Acte Vertueux
4
Amour de Vertu
5
Abondance
6
Avril
7
Amour du Prochain
8
Amour en Ver Dieu
9
Assiduité
10
Amour de Renommée
11
Amour de la Gloire
12
Astrologie
13
Avarice
14
Agriculture
15
Art

voit ici par la figure d'une femme, qui porte une de ses mains à la bouche, pour montrer par là, qu'il ne faut pas y être sujet, & tient de l'autre un Rouleau, où sont ces paroles remarquables *Utor ne Abutar.*

12. Acoutumance.

Il n'est rien ici bas dont on ne vienne à bout,
Tu peus en voir ici la nayve peinture,
Mais il faut s'exercer, la coutume peut tout,
C'est une seconde Nature.

Acoutumance. Cét homme chargé de plusieurs instrumens, tous propres à s'exercer aux Arts; marchant appuyé d'une main sur un Bâton, & tenant de l'autre un Ecriteau, avec ces mots *vires acquirit eundo,* represente la merveilleuse force de l'acoûtumance, il est vieux & ne repose point, pour montrer que l'experience le met en credit, & qu'en agissant il se fortifie; ce qui vous est encore enseigné par la Rouë que vous voyez devant lui.

13. Aide.

Je ne puis l'ignorer, vos besoins sont les nôtres;
Ce que je fais pour moi se doit faire pour vous;
Il faut s'aider les uns les autres,
La Nature l'apprend à tous.

Aide. Le secours qu'il faut donner au Prochain est assez bien exprimé par la figure d'une homme agreable: par la Guirlande d'Olivier qui lui ceint le chef, est denotée la Compassion; par les Rayons qui l'environnent, l'assistance Divine; par le Cœur qui pend à la chaîne qu'il porte au col, qu'il faut que l'homme assiste les Pauvres, & de ses biens & de son conseil, dont le Cœur est le symbole; par l'Echalas qui soûtient la vigne, qu'on doit appuyer de même la foiblesse du Prochain; & par la Cigogne, que c'est à nous à imiter cet Oyseau, qui ne se lasse jamais d'être secourable, & particulierement à ses plus proches.

14. Amour de soi-même.

Que ce soit Fable, ou bien Histoire;
Narcisse mourut à vint ans.
Cependant qui le pourra croire?
Il a laissé cent mille enfans.

Amour de soi même. Ce n'est pas d'aujourdhui que l'on nous a representé sous la figure de Narcisse, qui se mire dans une fontaine, pour montrer parla que celui qui aime soi même, se plait ordinairement a se contempler, & à s'aplaudir en toutes ses actions, ce qui n'est pas moins ridicule que la Fable de Narcisse, dont les anciens Poëtes ont été les premiers inventeurs, pour apprendre à l'Homme que de la propre vanité s'en suit ordinairement sa perte.

15. Amitié veritable.

L'amitié veritable & tendre
N'a nul des défauts de l'Amour:
Elle donne, elle prend, elle vend tour à tour;
Mais ce n'est nullement en veüe de surprendre.

L'Amitié veritable. La veritable amitié doit être sans fard, aussi est-elle representée par trois Vierges toutes nuës, aiant les visages severes, & les bras entrelassez; l'une tient une Rose, l'autre un Dé, & la troisiéme un bouquet de Myrte; ce qui montre les trois differens effets de cette vertu, qui sont de donner, de recevoir, & de rendre le semblable: leur Virginité nous apprend, que la sincere Amitié ne veut être souillée d'aucune tache; leur Nudité, qu'il ne faut point de deguisement entre les Amis: leurs visages denoncent qu'il faut être de même en donnant qu'en recevant: la Rose signifie la complaisance, le Dé leur reconnoissance, & la Myrte leur Union.

---

1. Amour Divin.

Un Cœur percé de mes celestes traits,
Goûte mille plaisirs; & ne change jamais.

IL est vêtu comme on peint les Anges des ailes misterieuses au dos, il leve les yeux au Ciel avec le Nom de Jesus sur la poitrine, tenant d'une main un Calice environné de Rayons, & de l'autre il tient un Cœur enflamé & percé, qui est le veritable symbole de *l'amour Divin.*

2. Artifice.

Ces beaux traits, cette main, cette riche parure
Font voir tout ce que l'Art ajoûte à la Nature.

Homme trés beau, richement vêtu d'un habit en broderie, aiant la main droite appuyée sur une viz; & de la gauche il montre une Ruche pleine d'Abeilles, qui represente que ces animaux quoi-que petit sont grands dans leur conduite, ayant leurs Chefs, leurs ordres, leur économies, leur d'où se forme entr'eux une espece de Royauté.

3. Acte vertueux.

L'éclat que donne une valeur suprême,
Est le plus riche Diadéme.

Homme de trés bonne mine couronné de rayons avec une Guirlande d'amaranthe, armé d'armes dorées, sous un manteau Imperial brillant d'or; il perce d'une lance qu'il tient de la main droite un serpent, de la gauche il tient un livre, & sous un de ses pieds il a une tête de mort; C'est pour montrer que lors que l'on excelle de dans les armes ou dans les lettres, que

Malgré Caron qui le prend dans sa barque
Leur nom & leur vertu thriomphent de la Parque.

4. Amour de vertu.

La vertu toute seule & sans autre opulence,
Aux hommes vertueux tient lieu de Recompense.

Enfant nud, aislé, & couronné de Lauriers, ayant trois Guirlandes en ses mains representans les trois vertus Cardinal qui sont la Justice, la Prudence, & la Temperance.

5. Abondance.

Le luxe, les plaisirs, & la magnificence,
Sont les vrais fruits de l'abondance.

Elle se represente par une belle Femme couronnée de fleurs, ayant une robe verte brochée d'or, tenant de sa main droite une corne d'Amalthée avec des fruits, & dans la gauche des épys de plusieurs sortes de grains tombant par terre, qui est le symbole de l'Abondance.

6. Avril.

Tout plait; tout rit aux yeux dans ce Printems de l'âge
On seroit trop heureux si l'on étoit plus sage.

Jeune & trés beau garçon couronné de Mirte, vêtu de verd avec des ailes au dos, tenant de la main droite le signe du Taureau entouré de fleurs, & de la gauche une Corbeille pleine de fruits.

7. Amour du prochain.

Secourir son Prochain, soulager sa misere,
Est l'Efét d'un amour généreux & sincere,

Le voicy peint par une Homme relevant charitablement un Pauvre tombé, & lui donnant l'aumône, ayant un Pelican à son côté qui s'ouvre la poitrine à coups de bec pour en tirer du sang pour la subsistance de ses Petits.

8. Amour envers Dieu.

On ne trouve qu'en Dieu ces charmantes douceurs
Capables de remplir nos Esprits & nos Cœurs.

Le saint Amour que nous sommes tous obligez de porter à Dieu, ne peut être mieux representé que par cét homme contemplatif: il tient les yeux élevez au Ciel, afin de nous faire souvenir que c'est au Ciel où nous devons attacher nos pensées, pour témoigner l'ardeur de son zele; il tient un Rououleau où se lisent ces paroles LÆTAMINI IN DOMINO, ET GLORIAMINI OMNES RECTI CORDE, pour nous inviter ici bas à ne chercher point de joye qu'en l'Amour de nôtre Dieu, qui est le vrai Pere de Misericorde de Consolation.

9. Assiduité.

Un travail assidu quelque lent qu'il puisse être,
Avance enfin l'ouvrage & se fait bien connoître.

On nous represente l'assiduité par une vieille femme, qui de ses deux mains tient une horloge de sable qui coule, ayant auprés d'elle un Rocher couvert de lierre, qui montre que souvent par l'assiduité l'on monte proche des Grands; mais que leurs support n'est pas loin d'un Escueil.

10. Amour de Renommée.

Mon Empire s'étend sur la Terre & sur l'Onde,
Et d'un vol trés leger je parcours tout le monde.

C'est par un Enfant nud que l'on nous le depeint, qui est ailé, & couronné de lauriers, tenant en ses deux mains trois Couronnes, ayant deux pié destaux à ses côtez chargez de semblables couronnes, pour montrer que l'Amour de la renommée est incoruptible, & ne l'acquiert que par la vertu.

11. Amour de la Gloire.

Il n'est point sous le Ciel de plus belle Couronne.
Que celle que la Gloire donne.

On le represente comme le precedent couronné de Lauriers, il tient en ses mains plusieurs Couronnes; les Romains donnoient à leurs Capitaines victorieux la Civique qui est faite d'un Rameau de chesne, là un Soldat qui avoit sauvé la vie à un Citoyen dans un Combat l'Obsidionale de gramen, à celui qui avoit sauvé toute une Armée. La Murale étoit le prix de celui qui avoit escaladé le premier une Ville; & la Navale qui est faite de pointe de Navire, se donnoit à celui qui avoit commancé & gagné un Combat Naval.

12. Astrologie.

Considerer les Cieux, leurs cours, leur mouvement
Est d'un Esprit Divin le noble amusement.

L'Astrologie nous est representée sous la figure d'une femme parée d'une belle robe, semée d'étoilles couronnées de même; Elle à un Soleil sur sa poitrine, portant un Sçeptre de la main droite, un Globe celeste de la main gauche, & un Aigle sous les pieds qui est le Roy des Oyseaux, lequel suivant les Naturalistes est l'animal le plus clair voyant.

13. Avarice.

Que sert d'avoir tant de biens en partage
Si lon n'en fait un legitime usage?

Le visage maigre de cette Femme avec sa pâleur & la tristesse avec laquelle on lui voit serrer cette bource, & poser sa main sur le ventre qui est gros comme celui d'un hydropique, jointe à ce loup qui est auprés d'elle d'une extréme maigreur, represente assez naïvement jusqu'où va l'Avarice de ses Esprits inquietz qui ne s'apliquent à autre chose qu'à d'atraper le bien d'autrui.

14. Agriculture.

Quand des dons de Céres nos Campagnes sont pleines,
On goûte avec plaisir les doux fruits de ses peines.

Elle est representée par une belle Femme de village comme l'on peint Cerés vêtue de verd couronnée d'épys, tenant de la main droite le signe du Zodiaque, & de la gauche une Arbrisseau qui commence à fleurir & qui montre l'amour du Laboureur pour les plantes.

15. Art.

15. Art.

Un Chef-d'œuvre de l'Art, facile ingenieux.
Surprend également & l'esprit & les yeux.

C'est une Femme agreable, belle & ingenieuse vetuë de verd, tenant d'une main un marteau, un burin, & un pinceau, & de l'autre s'apuyant sur un pieu fiché en terre, pour soûtenir une jeunè plante qui l'environne du bas en haut pour montrer que l'Art suplée à la Nature.

---

1. Bonté.

Mon Caractére est la fidelité,
La Justice, l'integrité:
Sur tout ma patience à nulle autre seconde,
Me rend tendre pour tout le monde.

C'Est une Déesse avec une robe de Gaze d'or, couronnée d'une Guirlande de Rüe, tenant une Pelican entre ses bras; & à son côté elle a un Arbre verd sur le bord d'un Ruisseau qui est un embléme allegorique de la bonté qui consiste dans la bonne qualité comme la Foy, la Justice, l'Integrité, la Patience &c.

2. Benignité.

Ces deux bras que je tiens ouverts,
Montrent qu'il n'est point d'homme en ce vaste Univers,
Dont je ne sois émeüe en voyant sa misere:
Aussi suis-je sans fiel, toujours prête à bien faire.

Elle est ici representée par une trés belle Femme avec des cheveux blonds couronnez d'or, & un soleil audessus, ayant une robe fort riche, les bras ouverts, tenant de sa main droite une branche d'Espines qui est un symbole de la begniguté; elle tient sa main gauche apuyée sur un fauteüil, & derriere elle il y a un Elephant, qui est le plus noble des animaux, & qui n'a point de fiel.

3. Bonheur des Misericordieux.

Affligée des maux qui touchent mo[n]
Prochain,
Et sur tout de son indigence;
Je partage avec luy mon pain,
Et lui fais éprouver par tout mon assistance.

La Misericorde est toûjours sensiblement touchée des afflictions de so[n] Prochain; voilà pourquoy on la represente par une femme charitable, qui donne du pain à deux petits Enfans pour montrer que la premiere qualité d[e] cette Vertu, est de donner à manger & à boire aux Necessiteux.

4. Bienveuillance.

Il n'est rien dans l'Hymen qui ne paroisse doux,
Lors que l'amour est mutuelle:
Alcione mourut pour son Royal Epoux,
Et cét Epoux fût mort pour elle.

Cét embléme ne se peut mieux expliquer que par l'union mutuelle qu'il y doit avoir entre deux personnes mariées; elle est ici representée par une Femme agreable, couronnée de fueilles de vigne & d'ormeaux entrelassées, & tenant un Alcion étroitement contre son sein. C'est une allusion de la fable d'Alcione femme de Ceix Roy de Thrace, qui aiant apris la mort de son mari arrivée sur la mer, s'y precipita du regrét qu'elle en eut.

5. Le bonheur des Pauvres.

Les biens, dont les Mortels font leur unique Idole,
N'ont rien d'attrayant pour mon cœur;
J'aime la pauvreté, le Ciel fait mon bonheur,
C'est dans le Ciel que je m'envole.

C'est la premiere des Beatitudes qui nous est representée par un Enfant vêtu d'une robe qui montre le peu de cas qu'il fait des honneurs du monde; il regarde le Ciel, & par son bas âge on peut facilement juger que son Cœur innocent n'est susceptible que de la Foy, & des bonnes impressions que son ame possede, ne pouvant dissimuler son inclination naturelle, qui est d'aspirer vers le Lieu de son origine dont il attend toute sa felicité.

6. Beauté

1
BONTE
2
BENIGNITE
3
BEATI MISERE CORDIAM
4
BIENVEILLANCE
5
BEATI PAUPERE
6
BEAUTE DE FEMME
7
BEATI MUNDO CORDE
8
BEATI PASSIO NUM
9
BEATI CONFERE GIT
10
BEATI QUI LE SURVONT
11
BEATI
12
BEATI MITES QUONIAM
13
CALOMNIE
14
CHASTETE
15
CONCORDE INVIN CIBLE

6. Beauté des Femmes.

Les attraits dont je suis pourvuë
Ont élevé jadis sur Junon, & Pallas :
Paris, qui me vid toute nuë
eur refusa la Pomme., & ne balança pas.

Elle est peinte nuë, parce que les Femmes ordinairement se piquent de la beauté e leur corps; & si elles ne montrent que urs gorges, c'est qu'elles sont retenuës ar une modestie civile; elle est couronée d'une Guirlande de Lys & de Violet-s, qui sont deux Hieroglyphes de la Beuté; elle porte un Dard pour montrer u'il est impossible de la voir sans être blesé; le Miroir que l'on luy fait tenir monè que plus l'on voit un objet beau & mable, plus on desire la jouissane; on l'assied sur un Dragon pour moner, qu'il est dangereux d'attacher ses reards sur de tels Charmes, & que les aites en sont d'angereuses.

7. Le bonheur de ceux qui sont nets de cœur.

L'Innocence & la Pureté
Font l'unique bonheur des hommes;
Mais helas! au sicle où nous sommes
ui s'ocupe à chercher cette felicité?

C'est une Femme que l'on connoit être esolée par les larmes que l'on lui voit reandre sur un Cœur qu'elle tient de la ain droite; ce qui represente la Pureté, qui ivant les saintes Lettres est prise l'Inoence: Et cette netteté de Cœur consie à ne l'avoir jamais souillée d'aucune che, pour pouvoir posseder un veritae Contentement.

8. Le bonheur de ceux qui souffrent pour la Justice.

ette Croix que tu vois te paroit accablante,
J'en porte une bien plus pesante,
Et qui me navre de douleur;
'est celle que je porte au dedans de mon cœur.

La plus pesante des croix que tte femme supporte, n'est point celle qu'elle tient en la main, puis que ce n'est qu'un symbole de la persecution pour la Religion qui est la plus noble partie de la Justice; Mais la croix qu'elle porte en son Coeur en voyant ses Enfans tuez à ses pieds, est la plus déplorable, & la plus sensible de cette vie, où il ne reste que l'esperance; & si nous avons part aux souffrances, nous aurons part aux consolations.

9. Le bonheur de ceux qui procurent la Paix.

De tous les biens de la Nature,
Rien n'égale celui d'une solide Paix:
Heureux qui ne la rompt jamais,
Et plus heureux, qui la procure.

Celle à qui vous voyez ici tenir dans sa main droite une branche d'Olivier, & fouler aux pieds des Arcs, des Boucliers & des Epées, ne se peut mieux prendre que pour la Paix, qui n'est jamais si recommandable que lors qu'on se l'acquiert par son merite, & par sa propre vertu: Et il est encore plus Glorieux de triompher sur ses passions viticuses que sur ses Ennemis.

10. Le bonheur de ceux qui ont faim & soif de Justice.

Que nos Mœurs soient sans avarice,
Fuyons toute Cupidité,
Et méprisant les biens avec leur vanité,
Ayons faim & soif de Justice.

Vous voyez ici la Justice tenant de sa main droite une Epée flamboyante, & de la gauche une Ballance, que le diable lui voudroit arracher des mains; cette épée nous montre que ceux qui ont *faim & soif de vertu*, se doivent armer d'un St. Zele, qui est une Epée invincible.

11. Le bonheur de ceux qui pleurent leurs pechez.

Dieu qui permet le mal, veut que l'on s'en repente,
Il punit en son ire une ame impenitente:
Il n'est que les cœurs desolez,
A qui Dieu fasse grace, & qui soient consolez.

Voiez

Voiez cét homme joignant les mains regardant le Ciel, & versant des larmes ; il nous montre secrétement que *bien heureux sont ceux qui pleurent leurs propres offences*, & celles de leurs prochains seules, *qu'ils seront consolez* & s'aquerront une joye perdurable.

12. Le bonheur des Debonnaires.

Ou te porte ta rage , homme digne de foudre
Ton Dieu t'appercoit bien de son Trône éternel;
Et s'il ne te portoit un amour paternel,
Son bras vangeur t'auroit déja reduit en poudre.

La douceur des Esprits debonnaires, est representée par une fille qui est un Symbolle d'une Ame pure, & sans Malice contre son Prochain, exempt d'aigreur & d'amertume qui sont les marques d'une felicité Eternelle.

13. Calomnie.

Si tu veux triompher du vice,
Qui tache à surmonter ton cœur,
Défie toi de tout, & tu seras vainqueur :
Mais il y faut la force, il y faut l'artifice.

Elle nous est representée par une femme en colere, empoignant par les cheveux un petit Enfant, qui luy demande pardon, pour nous montrer que la Calomnie dechire les choses les plus innocentes ; elle porte une torche, qui manifeste que cette furie qui est engendrée par une haine secrete, ne respire que la vengence ; elle à un Basilic pour Hyroglïphique, pour nous montrer que comme cét Animal tuë de loin par sa veuë, de mêmes la Colomnie ruine par sa mechante langue, ceux qu'elle se propose de perdre.

14. Chasteté.

Le voile dont tu vois que je couvre mes yeux,
Sert à me garantir des embuches des hommes.
Foibles, fragiles que nous sommes,
Leurs regards pleins de feu sont trop pernicieux.

La Chasteté nous est depeinte vétuë de blanc, la tête voilée, tenant un Sceptre de la main droite, & de la gauche deux tourelles, pour montrer que la chasteté ennemie de l'ordure, de l'oisiveté, s'éloig[nant] des objets qui la peuvent faire pech[er] afin d'être maitresse de ses passions.

15. Concorde invincible.

La force des Rois de la terre
Liguez pour soutenir les efforts d'une guerre,
Ne consiste qu'en l'union ;
Lis l'Histoire de Geryon.

C'est le Symbole le plus convenable de l[a] Concorde invincible, que la figure d[e] Gerion armé, qui a trois visages, la tê[te] environnée d'une Couronne d'or, six bras & autant de jambes ; il tient une Lanc[e] d'une main, d'une autre une Epée nuë, & d'une troisiéme un Sceptre, ayant les tro[is] autres mains posées sur un Bouciler.

---

1. Comedie.

Je joins quand il me plaist, l'agré[able] à l'utile.
Je me say travestir de toutes le[s] façons,
Et sans trop échauffer ma bile
Je censure la Cour, la Campagne [&] la Ville ;
Et même en badinant je donne des le[ç]ons.

Nous ne la mettons pas ici pour un vice, mais pource qu'étant sur le Théatre elle y expose les vices des hommes, afi[n] que par l'exemple d'autrui ils aïent horreu[r] du Crime & qu'ils corrigent leurs mœurs ; elle porte une flute d'une main & de l'autr[e] un Masque ; l'un signifie l'Harmonie & l'autre l'Imitation.

2. Concupiscence.

Dez que le feu de la Concupiscence,
Embraze quelque jeune Cœur,
On peut bien dire, adieu prudence,
Adieu repos, richesse honneur :
Aprés vient le remors, la honte & l'indigence.

L'Embleme de la concupiscence se represente sous la figure d'une Femme pres que nuë, d'autant que le propre de ce vic[e]

c'e[st]

1
COMEDIE
2
CONCVPICENCE
3
CONSCIENCE
4
CONVERSATION
5
CVRIOSITE
6
CONNOISANCE
7
CONCORDE
8
CONSTANCE
9
COMPASSION
10
COSMOGRAPHIE
11
CONCORDE
12
CONCORDE
MILITAIRE
13
CONCORDE
CONIVGALE
14
CONFESSION
15
CHARITE

ne se dépouiller pas seulement le [illegible] des biens de la fortune, mais encore [illegible] de l'Honneur, de la liberté, de la [pru]dence & de la sagesse ; ses cheveux sont [illegible]tement mis tenant d'une main une Per[dri]x qu'elle caresse, l'on luy represente un [C]rocodile sous elle, qui avec la Perdrix ce [sont] ces deux Animaux favorits à cause de [illegible]ance.

3. Conscience.

[illegible] ay des épines pour les Cœurs
Dont la conduite est injuste & méchante ;
Mais je reserve un Champ de fleurs,
Pour un Cœur droit, pour une Ame innocente.

Vous la voyez regarder un Cœur fixe[m]ent qu'elle tient dans ses mains, au des[s]ous duquel est écrit, *la propre Conscience* ; [el]le a les pieds nuds entre un pré semé de [f]leurs, & un champ plein d'espines. C'est [p]our nous montrer qu'il y a toûjours deux chemins sécréts dans nôtre Cœur fort differents, que nous suivons suivant que nôtre Ame est bien ou mal disposée.

4. Conversation.

Le doux commerce des Amis
Fait tout le bonheur de la vie,
Les plus charmans plaisirs n'ont rien qui soit exquis,
Sans celui de la Compagnie.

C'est par un jeune homme de fort bonne [m]ine que l'on nous le dépeint le visage [r]iant ; il est habillé de verd, ayant sur sa tête [un]e Guirlande de Laurier, & en la main [d]roite un rouleau où est escrit *Malheur à [cel]uy qui est seul* : c'est pour nous montrer [q]u'une *Conversation* honnête c'est la chose [d]u Monde le plus agreable : il porte en sa [m]ain gauche un Caducée à l'entour du[q]uel sont enlacez deux rameaux differents, [l']un de Myrte, & l'autre de Grénadier, [q]ui sont les symboles de l'union, & répré[se]ntent l'amitié mutuelle.

5. Curiosité.

Il est bon quelquefois d'être un peu curieux,
Mais l'excez en est domageable ;
Tel ne seroit pas miserable,
Si dans un certain cas, il eût fermé les yeux.

Celle qui la represente a sur sa robe quantité d'oreilles & des grenouilles, les cheveux herissez, les bras en haut, la teste en dehors, & des ailes au dos, comme si elle vouloit guetter de toutes parts, par un desir dereglé ; la grenouille y est à cause de ses grands yeux, c'est pourquoy les Egyptiens la prenoient pour le symbole de la Curiosité ; pour les oreilles elles n'ont pas besoin d'explication.

6. Connoissance.

Heureux qui peut avoir la science en partage,
C'est un bon lot, c'est un riche talent,
Pourveu qu'en devenant savant
On fasse voir qu'on est plus Sage.

L'on luy fait tenir un flambeau d'une main pour signifier que comme les yeux du Corps ont besoin de la lumiere pour voir, ceux de l'ame de même ont aussi besoin de s'aquerir l'intelligence necessaire ; voilà pourquoy on luy fait tenir un livre pour montrer que l'on ne peut avoir de connoissance sans avoir veu ou oui.

7. Concorde politique.

Les plus petits des Potentats,
Deviennent Grands par la Concorde ;
Mais les plus florißans Etats
Se ruinent par la Discorde.

La Concorde est proprement une union mutuelle de volontez, on la peint jeune fille vestuë à l'antique, couronnée d'une Guirlande de fleurs & de fruits, à cause que l'on luy donne l'honneur d'avoir demeslé le Chaos,

Chaos; de la main droite elle soutient un bassin avec des Cœurs de dans, pour montrer que les intentions bien placées & paisibles ne chancellent jamais & sont inébranlables.

8. Constance.

Pour moy le mauvais sort ne change point de face,
Et je ne voy jamais de nouvelle disgrace ;
Pource que des malheurs dont je suis menacé
Je prevois tous les coups sans en être blessé.

Ce qu'il y a de plus solide est répréfenté par cette femme ; elle tient de la main gauche une colomne, & semble qu'elle se veuille brusler la main droite dont elle tient une Epée nuë sur un vase de feu, pour montrer que la constance est une ferme resolution de resister au mal & aux douleurs du corps par un temoignage de vertu, qui ne se laisse pas vaincre par l'inquietude de l'esprit, ni aux passions de l'âme ni aux disgraces mondaines.

9. Compassion.

Toûjours douce, toûjours affable,
Je tends mes bras aux malheureux;
Et dans le mal qui les accable,
Je leur donne mes soins, je les ressens comme eux.

Cét Embleme nous est representé par une femme secourable, qui fait largesse des pieces d'or qu'elle possedé, avec gayeté de Cœur qui marque sa veritable Compassion; elle tient d'une main un nid de vautour qui est l'Hyrogliphe que les Naturalistes prennent là dessus, disant que le naturel de cét animal est si tendre pour ses petits, que lors qu'ils manquent de proye il se perce les cuisses pour se tirer du sang pour les nourrir.

10. Cosmographie.

Il n'apartient qu'à la Cosmographie,
De parcourir d'un vol audacieux
Tout le vaste pourpris de la terre & des Cieux,
Et d'en bien expliquer la Divine harmonie.

L'on nous depeint la Cosmographie par une vieille femme, pour avoir pris son origine dez la Creation du Monde; elle est vêtue d'une Robe bleuë pleine d'Estoiles, ayant à ses costéz les Globes Celeste & Terrestre, & tenant en ses mains divers Instruments de Mathematique, qui veulent répréſenter qu'elle est égalément attentive à considerer le Ciel & la Terre.

11. Concorde.

Cette union des Cœurs, ces douces sympathies
Sont d'agreables Noeuds, sont de charmans liens,
Par qui deux Ames assorties
Sentent mémes plaisirs, mémes maux, mèmes biens.

Proprement la Concorde est une union de volontez mutuelles. Elle nous est répréſentée par une Femme qui tient d'une main des Epys de blé, qui répréſentent l'abondance; de l'autre main elle tient un bassin plein de Cœurs, qui répréſentent la conformité reçiproque de diverses personnes.

12. Concorde Militaire.

Des Soldats bien unis sont d'une force extréme,
A qui rien ne peut resister ;
Tout Corps qui se divise, ennemi de soi même,
Ne sçauroit long-tems subsister.

Vous la voyéz ici armée en Pallas te-
nan

1
DOCTRINE
2
DOUTE
3
DIGNITE
4
DISCRETION
5
DISTINCTION
6
DILIGENCE
7
DIVINITE
8
DOULEUR
9
DECEMBRE
10
DOCTRINE
11
DILIGENCE
12
DISCORDE
13
DEVOTION
14
DOCILITE
15
OBEISSANCE

[...]t de la main droite une lance, & de la [...]che plusieurs serpents, pour montrer [...]r là qu'elle est toûjours prête à se défen[...]e soy même par ses armes, & à nuire aux [...]tres par le venin que produit la Co[...]re.

13. Concorde Conjugale.

Deux Cœurs que l'Hymen assemble
Goutent mille plaisirs charmans;
Ils sont Epoux, ils sont Amans;
Ils veulent toûjours être ensemble.

On la represente par un jeune homme & [...]ne jeune Femme qui sont vêtus de pour[...]re, tenant un même Cœur en main, & [...]ne même Chaine qui les lient ensemble, [...]epresentant les Loix divines, qui veulent [...]ue les personnes Mariées soient inseparables.

14. Confession.

Qui cache ses pechez ne prosperera point,
Ni ne doit se flatter que Jesus les efface:
Mais en les confessant à Dieu de point en point,
Et les quittant en suite en obtiendra sa grace.

Elle se voit sous la peinture d'une Fem[...]e à genoux, sur la base d'une Colomne, [...]iant des aisles au dos representans la vertu [...]ui l'éleve au ciel; & à ses pieds elle a une [...]olombe qui montre sa naïvité, & un Ag[...]eau qui montre sa douceur & sa soumis[...]on; & un Chien qui est le symbole de la [...]delité, pour montrer qu'il est important [...]e declarer fidellement ses pechez.

15. Charité.

Toutes les vertus ont leur Cours,
Leur Credit, leur tems, leur usage.
Mais la Charité seule a ce grand avantage,
Qu'elle doit subsister toûjours.

A voir cette Femme, ayant trois Enfans autour d'elle qui la caressent, on juge bien d'abord que c'est l'Embléme de la Charité Reine des vertus. Elle a sur son Chef une flamme qui s'exhale, & qui signifie l'ardeur de son Zele; elle tient en sa main un Cœur enflammé, montrant que cette vertu reside ordinairement dans les Ames sans fard.

1. Doctrine.

Prete à m'ouvrir à tout le monde,
Je me presente à tous avec les bras ouverts:
Si je puis leur montrer mille secrets divers,
C'est que le Ciel me rend feconde.

CEtte femme d'un âge déja meur, & modestement vêtuë a les bras ouverts pour accueillir tous ceux qui meritent de l'aborder; elle tient de la main gauche une maniere de Sceptre, au dessus duquel est un Soleil; & en son giron un livre ouvert, tandis que d'un Ciel agreable il tombe sur elle un grande quantité de rosée.

2. Doute.

Toûjours irresolu, je ne fais jamais rien
Où je ne fasse voir mon peu d'experience,
Soit que je fasse mal, soit que je fasse bien,
Je doute toûjours, je balance.

On la represente par un jeune Garçon qui marche irresolument dans les tenebres, sa jeunesse ne luy ayant pas donné l'Experience; c'est pour cela que l'on luy fait porter un Baston d'une main, & de de l'autre une lanterne, veritable guide du Doute.

3. Dignité.

On appelle à bon droit ces Emplois honorables,
Qui nous distinguent ici bas,
Des Charges : oui l'on ne ment pas ;
Ce sont des charges veritables.

Celle qui la represente est une femme richement parée ; mais qui flechit presque sous le fardeau qu'elle porte , qui est une grosse pierre enchassée dans une bordure d'or & de pierreries ; le mot de Charge servira ici d'explication à celuy de Dignité.

4. Discretion.

Je suis craintive quoique ferme ;
Le Plomb toûjours en main, je mesure mes pas :
Et j'examine tout jusques au moindre terme.
Afin de ne déplaire pas.

Cette Dame venerable, & pleine de Majesté penche la tête du côté gauche , & hausse les bras comme si elle temoignoit avoir pitié de quelqu'un, aiant un Plomb en sa main droite, pour montrer qu'elle ne se forligne point ; elle tient un Chameau sur son giron, animal qui ne porte jamais de fardeau au dessus de ses forces.

5. Distinction de bien & de mal.

Pour connoitre les vrais amis,
Les vrayes , les fausses richesses,
Le monde, & toutes ses souplesses,
Je passe tout par le tamis.

La difference de l'un & de l'autre est ici marquée par une Femme , qui est a la fleur de son âge , tems auquel on est le plus capable de raison pour discerner le bien d'avec que le mal ; elle est modestement vêtuë, tenant un Crible d'une main, symbol du discernement, & de l'autre un Rastea qui n'est pas un moindre Embleme.

6. Diligence.

Je le dispute à tout , à l'Esprit, au Sçavoir ,
Aux Presents , à l'Experience,
A la Politique , au Pouvoir.
Rien n'est tel que la Diligence.

Il y a diverses sortes de Hyerogliphes qu representent la Diligence, elle est ici representée par une Femme, ayant un visage vi & actif, tenant d'une main un bouquet d Thim sur lequel volent des Abeilles, & d l'autre un bouquet d'amandier & de meu rier , arbres dont l'un est precoce & l'autr tardif ; elle a à ses pieds un Coq qui grat la terre.

7. Divinité.

Quoi qu'à l'esprit humain je sois inaccessi ble,
Cette Vierge, & ce feu font voir que l'Uni té
N'est pas incompatible avec la Trini té
Et qu'à cét égard-là je suis compreben sible.

L'Embleme de la Divinité est ici representé par une vierge vêtuë de blanc ; symbole de la pureté ; elle a du feu sur sa tête, & tient en main deux Globes d'azur , d'où s'évaporent des Flammes, qui se partagent en trois parties d'égale hauteur.

8. Douleur.

Rien ne peut égaler mes maux,
Mes infortunes , mes travaux :
Il suffit d'être Miserable ,
De par tout on vous acable.

La Douleur nous est representée par un homme pasle , melancolique dont la persecution le tient dans une langueur ; il est habillé de noir pour marque de son deüil, tenant en main un Flambeau qui vient d lè s'éteindre & qui fume encore, ne servant qu'à lui rendre son infortune plus sensible.

9. Decembre.

Quand la rigueur de la saison,
Tient au coin de la Cheminée,
J'oblige à souffler le tison,
J'usqu'à la fin de la journée.

Homme laid vêtu de noir ailé, tenant le signe du capricorne de la main droite, & de la gauche un panier de Truffes.

10. Doctrine parfaite.

Aimez les gens sçavants, cherissez la science,
Et tachez d'estre doctes avec un soin ardent :
Mais à vostre sçavoir adjoutez la prudence;
Estre docte est bien peu si vous n'estes prudent.

La Doctrine parfaite nous est ici representée par une Femme Majestueuse, vêtuë d'une Robe couleur de fueille-morte, tenant un livre fermé; Elle est assise sur un Cercueil qui argumente un petit Ange, qui tient un Flambeau alumé, qui étoit venu comme pour la surprendre dans sa doctrine.

11. Diligence.

L'Horloge & l'Esperon marquent naïvement,
Qu'on doit en toutes choses agir diligemment.
L'un éveille nos soins par sa grande vitesse,
Et l'autre est l'aiguillon, qui nous pique & nous presse.

La Diligence, qui est un desir ardent de voir la fin d'une chose qu'on a entreprise, se voit ici figurée par une Femme, qui de sa main droite tient un Esperon, & de la gauche une horloge, symbole qui mesure la diligence, & l'Esperon la fait naistre.

12. Discorde.

A l'aspect de ce qui m'offence,
Mes serpens en sifflant excitent ma vengeance,
Ma bouche se remplit d'un poison odieux
Et de longs traits de feu me sortent par les yeux.

Elle est ici representée sous la figure d'une Femme effroyable avec de cheveux herissez aboutissant en Couleuvres, tenant de sa main droite une Torche allumée prête à executer ses injustes intentions; de la gauche elle tient trois Escriteaux, où se lisent quelques termes de chicane, pour montrer qu'elle ne tend qu'à diviser les familles.

13. Devotion.

Dans mes actes pieux il n'est rien qui me peine :
Mais je garde toûjours, une constante loi
Dans le mouvement qui m'entraine;
Et rien n'est plus ardent, ni plus réglé que moi.

La Devotion est peinte à genoux sous la forme d'une belle Femme qui leve ses yeux au Ciel, d'ou s'elancent des rayons; Elle tient de la main droite un Cierge allumé : symbole de l'ardeur de son Zele pour la priere.

14. Docilité.

L'orgueil est la vertu qu'adorent les Mortels,
On ne me dresse plus aujourdhui des Autels,
Etre d'humeur douce & soumise,
On passe pour un sot, & l'on n'est point de mise.

Vous la voyéz réprésentée par une Jeune fille ayant un perroquet sur sonchet, pour montrer qu'a l'exemple de cét oyseau, elle

elle est susceptible aux instructions ; le miroir qu'elle porte sur la simplicité de ses habits, & ses bras étendus ne sont pas de moindres Emblemes, pour montrer qu'elle est prête à reçevoir ce qu'on lui oppose.

15. de L'obeissance.

En imitant David grand Prophete & grand Roy,
Gravons dans notre cœur cette Divine Loy,
Que le grand Dieu du Ciel a laissé pour les hommes ;
Car qui ne l'accomplit ne doit point esperer
D'entrer de dans le Ciel, où tous tant que nous sommes
Devons pour ses beautez seulement aspirer.

Elle nous est representée par une Femme d'un air deliberé prête à marcher, habillée d'un bleu Celeste, ayant les bras étendus, tenant de la main droite les Tables de la Loy, au milieu d'un Cœur pour montrer qu'elle est prête d'acomplir ses Commandemens.

1. Economie.

Jadis l'Economie étoit un nom cheri
Et de la femme & du mari.
Tout change, point de régle en ce Siecle barbare ;
L'un est prodigue & l'autre avare.

Cette venerable Dame a sur la teste une Couronne d'Olivier, en sa main gauche un Compas, en la droite une Baguette, & à son costé un Timon de Navire, veritable symbole pour conduire une maison suivant son revenu.

2. Egalité.

Je suis toûjours la même, en tout temps, en tout lieu,
Je tiens égale la Balance,
Je ne prends nul parti, mais ce juste milieu
Est plus mal aisé qu'on ne pense.

Elle est représentée par une femme de moyen âge, tenant une Balance de la main droite, & de la gauche le nid d'une Hirondelle, qui donne à manger à ses petits ; tout le monde convient que la Balance est le vray symbole de la justice qui pése équitablement les actions de tout le monde pour rendre à chacun justice.

Les Egyptiens ont pris l'Hirondelle, pour le même symbole, disant que cét Oyseau vray Pere de famille partage également la portion de ses petits.

3. Eloquence.

Bien souvent dans le Chămp de Mars
J'ai fait ce que n'ont pû les plus grands Capitaines.
Il n'est rien plus constant : Quelquefois les Cesars
Sont moins forts que les Demosthenes.

Ce n'est pas sans raison que pour exprimer ses divers effects, on la peint armée d'un Morion, environné d'une Couronne d'or, d'un Corcelet, & d'une espée qu'elle porte à son costé ; outre que de l'un de ses bras qu'elle a retroussez jusques au coude, elle empoigne la foudre, & de l'autre elle tient un livre ouvert, au dessus duquel est une orloge de sable.

4. Etude.

Ce Livre que je lis avec attachement,
Cette Lampe, ce Coq, toute ma Contenance,
Sont pour te faire voir, que sans la vigilance,
On étudie vainement.

L'Action où vous voyez ce jeune homme assis écrivant à la clarté d'une Lampe ; ayant un visage passe, un habillement modeste, un Livre ouvert, un Coq à son côté ; montre assez l'inclination de l'Etude.

5. Esperance.

Le plus fameux des Conquerans,
Le Conquerant par excellence,
Alexandre, donna tout à ses Courtisans,
Et ne se reserva que la seule esperance.

Peut on representer l'esperance dans un plus beaux jour que par une Dame vêtue de verd, Couronnée d'une Guirlande de fleurs, & qui tient en ses mains un petit Amour,

14
1 ECONOMIE
2 EGALITÉ
3 ELOQVENCE
4 ESTVDE
5 ESPERANCE
6 ETERNITÉ
7 EXIL
8 EXPERIENCE
9 ERATO
10 EVTERPE
11 EDVCATION
12 ELECTION
13 EQVITÉ
14 ETOVFEMENT DE MAVVAISES PENSÉES
15 ESPION

…, à qui elle dont la mamelle.

6. Eternité.

L'Impie dans son cœur plein d'incredulité
Se moque de l'Eternité,
…onstre, du genre humain & l'horreur & la bonté,
…sçauras quelque jour, que ce n'est pas un conte.

L'Eternité nous est ici représentée sous …igure d'une belle Dame, avec une belle …evelurée parse, luy tombant sur les es…ules : Et des deux Costez où devroient …re les hanches, ce sont deux demy Cercles …i se pliant à droit, & à gauche, forment …Cercle uniforme sur sa teste; elle a de …s deux boules d'or en ses mains qu'elle …nt haussées, & le corps couvert d'une …lle toile d'Azur.

7. Exil.

Exilez, tous tant que nous sommes,
…ourquoi murmurons-nous de nos maux passagers ?
Il est une autre vie : & ce vaste Univers
Est un Exil pour tous les hommes.

… figure de ce Pelerin tenant un Bourdon …une main, & de l'autre un Faucon, nous …xplique assez qu'il n'est pas sedentaire ; …ais il ne nous represente pas qu'il y a … de deux sortes d'Exil, l'un volontaire … l'autre publiq.

8. Experience.

L'Experience est tout ; cette grande Maitresse
Rend subtils les moins pénétrans,
Eclaire les plus ignorans :
Et sans elle le Sage erre presque sans cesse.

Femme âgée vestuë de gaze d'or, tenant …e la main droite un Carré Geometrique, & …e la gauche une baguette, avec un Rouleau … l'entour où sont écrits les mots *rerum magistra*, c'est a dire *la maitresse des choses*; …e plus elle a à ses pieds une pierre de touche, & de l'autre côté un vase d'où s'évaporent des flammes.

9. Eraton.

Sans aimer, à l'Amour je me suis dévoüée,
Mes Chansons embrasent les cœurs,
Ma Lyre est toujours enjoüée,
Et je charme Apollon & les Muses mes Sœurs.

Elle est représentée par une fille agreable & de belle humeur, elle est couronnée de Myrte & de Rose, symbole de l'amour pour avoir esté consacrée à Venus & à Cupidon; elle tient en sa main droite une Lyre, en la gauche un archet, & prés d'elle un petit Amour avec des aisles, un arc & un flambeau alumé.

10. Euterpe.

Une douce & tendre Musique
Est le sçavoir dont je me pique,
Et je fais rententir les Rochers & les Eaux
Du doux son de mes Chalumeaux.

On la represente couronnée d'une guirlande de fleurs, aiant à ses piés des hautbois & autres instruments, & tenant à deux mains une longue flute dont elle joue.

11. Education.

Dans la conduite des enfans,
Tout dépend des commencemens.
Un arbre dans le temps qu'il est jeune & tout tendre,
Prend sans peine les plis qu'on lui veut faire prendre.

Elle se répresente par une femme bien née, & dans la force de son âge; elle est éclairéz d'un rayon Celeste, elle a le sein decouvert, instruit un Enfant & tient une verge d'une main, & de l'autre une jeune Plante : les Rayons qui lui viennent d'en haut, montrent que c'est de là que vient le plus puissant secours; son sein decouvert montre que celuy qui enseigne ne doit rien cacher ; la verge qu'elle tient, qu'il faut joindre le chatiment à la remontrance; & la plante où elle porte la main, qu'il faut plier la plante quand elle est jeune.

12. Election,

12. Election.

La vertu bien souvent est l'objet du mépris;
L'homme aveugle qu'il est lui préfére le vice :
Mais comme avec le temps il en connoit le prix ,
Il faut enfin qu'il la choisisse.

C'est une femme que son âge & sa mine rendent venerable, ayant devant elle un Cœur, qui pend au bout d'une chaisne, & un Ecriteau qui dit VIRTUTEM ELIGO, qui signifie qu'il n'y a pas de meilleure Election que celle que l'on fait de la vertu, dont le chesne est ici le symbole , à cause de sa force & de ses profondes racines: comme au contraire, il n'y a point de pire choix que celui du vice, represente par le Serpent.

13. Equité.

Tous les hommes me sont égaux,
Je pese leurs vertus, je pese leurs défauts :
Et sans avoir jamais d'égard à l'apparence ,
Je punis , ou je recompense.

L'explication de cette figure est assez claire d'elle méme ; elle represente l'Equité, sous la personne d'une femme vêtuë de blanc, qui tient d'une main une balance, & de l'autre un Plomb ou une sonde ; la blancheur de sa robe est un mysterieux symbole de l'integrité dont elle se sert à juger des merites d'autruy , pour lesquelles elle ordonne des recompenses ou des punitions sans se laisser jamais corrompre.

14. Etoufement de mauvaises pensées.

Point de tendresse paternelle :
Etouffe sans remords comme un Monstre naissant
Toute pensée Criminelle :
C'est un Parricide innocent.

L'Enfant que cét homme tient en ses mains , pour écraser comme les autres qui se voyent abattus à ses pieds, est un Embléme des mauvaises pensées qu'il faut estouffer en leur Naissance, de peur qu'elles ne s'enracinent, & ne prennent pied toûjours plus avant. Quant à la pierre triangulaire, elle est une figure de Jesus Christ, pour montrer conformément à ces paroles du Pseaume 36 *Heureux qui tiendra & qui escrasera tes enfans contre la pierre* ; qu'il faut estimer veritablement heureuse la condition de ceux qui s'abstiennent des vices & qui brisent leurs premiers mouvemens contre cette pierre mysterieuse, qui est la base inébranlable de nôtre ame.

15. Espion.

Impénétrable à tous, je pénetre les autres
Je me cache de vous, imbecilles Humains.
Vous n'avez sçeu jamais aucun de mes desseins,
Comme je suis tout yeux , je connois tous les vôtres.

Il ne se peut mieux répresenter que par un Homme qui se couvre le visage de son Manteau tout semé d'yeux & d'oreilles avec cela on luy fait tenir en main une lanterne sourde ; outre cela il a des Aisles aux pieds & un Chien qui marche devant luy.

1. Foi Chrétienne.

Quoi que je sois un Don de Dieu,
Des seuls Prédestinez le lot & le partage ;
Je brille dans un Cœur en tout tems, en tout lieu,
Quand des Ecrits Divins on fait un bon usage.

ELle est ici répresentée par une Vierge vêtuë de blanc, ayant les Epaules découvertes pour montrer que l'Evangile se doit precher intelligiblement ; elle tient de la main droite une croix & un livre ouvert, regardant fixement tous les deux ; elle porte aussi sa main gauche prés de son Oreille, voulant signifier qu'il y a deux moyens pour s'instruire en la foy chrétienne ; sçavoir l'ouye & la lecture.

2. Feu.

De quatre Elemens que nous sommes,
Je suis celui, sans en excepter rien,
Qui fais le plus de mal aux Hommes,
Et qui leur fais le plus de bien.

Le

16
1
FOY CHRETIENNE
2
LE FEU
3
FORCE DAMOUR
4
FRAUDE
5
FOY DAMITIE
6
FERMETE
7
FLATERIE
8
FORCE
9
FERMETE' DAMOUR
10
FELICITE' MONDAINE
11
FIDELITE
12
FAVEUR
13
FRANC ARBITRE
14
FELICITE ETERNELLE
15
FORTUNE DAMOUR

...eu est un des Elemens le plus dan-
...x & le plus necessaire. son hyerogli-
...e plus convenable, est representé par
... Femme assise, soutenant un vase plein
...feu de ses deux mains; à ses côtez elle a
...ur symboles une Salamandre & des Py-
...lies, animaux qui vivent dans le feu; elle
...aussi un Phœnix, & le Soleil qui lui
...de ses rayons sur sa tête.

3. Force d'Amour par Mer & par Terre.

Ce petit Dieu sans Arc, sans fleches, sans Flambeau,
Des cœurs qu'il a blessez veut avoir une offrande :
Il montre son pouvoir sur la terre & sur l'eau,
En montrant son Poisson, en montrant sa Guirlande.

Cét Embleme est représenté de diver... façons, mais il semble que celuy que voi... lui convienne le mieux; c'est un Cupidon ...nant d'une main une couronne de fleurs ...e laurier & de chêne, & de l'autre un ...oisson.

4. Fraude.

Ces têtes de different âge,
Ces deux Cœurs, ce Masque en mes mains,
En un mot tout mon équipage,
Fait voir que je ne tends qu'à tromper les humains.

...Femme à deux têtes l'une vieille & l'au...te jeune sur un même col : elle tient deux ...œurs de la main droite, & un masque de la ...auche pour montrer sa Dissimulation : on ...i fait une queuë d'escorpion, pour mon...er son venin en place des pieds : Elle a des ...rres d'Aigles pour montrer qu'à l'exem...le de cét oyseau de proye, elle n'a d'au... but que d'attraper le bien d'autruy.

5. Foy d'Amitié.

Si la Foy regnoit ici bas
Chacun aimeroit ses semblables;
Mais comme elle n'y regne pas
On void peu d'amis veritables.

Elle nous est representée par une vieille femme, à cause que l'on tient qu'elles sont plus soigneuses de garder leur foy que les jeunes; on la couvre d'un voile, & elle en tient un autre de la main pour montrer qu'elle aime veritablement.

6. Fermeté.

J'arrête le plus fier de tous les Animaux,
D'étoiles & d'Azur je suis toute brillante.
Je suis faite pour les travaux;
Rien ne m'est difficile, & rien ne m'épouvante.

Le symbole de la fermeté est representé par une femme vêtuë d'une Robe de couleurs celestes brillantes d'Estoiles, pour montrer sa fermeté, arrêtant un taureau qui suivant les Naturalistes, est le plus fort des animaux.

7. Flaterie.

Un flateur est toûjours extréme;
Tout ce qu'il loüe est beau, jamais de laids portraits :
Mais c'est un langage qu'on aime,
On hume ce poison, on l'avale à longs traits.

C'est une femme vêtuë agreablement, & qui joüe d'une flute, ayant un Cerf à ses pieds qui est un des animaux qui ressemble le plus aux ames foibles qui se laissent aller facilement dans le piege du flateur; mais la ruche qui est auprés d'elle leur aprend que bientôt ils auront de douces amertumes.

8. Force.

C'étoient les plus forts autrefois
Qu'on choisissoit pour être Rois.
Aujourdhui la vertu, c'est la force Majeure :
La raison du plus fort est toûjours la meilleure.

Elle est représentée comme la Déesse Pallas dont le visage est d'une personne robuste, le corps fort, la taille grande, les épaules larges, les membres nerveux, le teint brun, l'œuil brillant & hardy, tenant de la main droite une lance & un rameau de chêne, de l'autre un Ecu sur lequel on voit un Lion qui combat un Sanglier : sa Lance répresente la force terrestre, & le rameau la celeste ; les deux animaux répresentent la force du Corps & celle de l'esprit ; le Sanglier se précipite à chaque rencontre, au contraire le Lion combat avec prudence.

9. Fermeté d'Amour.

Un Amour passagere est comptée pour rien.
Un Amant tendre & veritable
Est ferme, constant, immuable.
Qui peut cesser d'aimer n'a jamais aimé bien.

Cét hierogliphe est répresenté par une femme assise sur un cube richement vêtuë, pour montrer que quoi que l'amour soit ordinairement volage, elle est riche par sa Constance ; elle joint les deux mains, ayant sur sa tête deux Ancres en forme de Croix, un cœur au milieu, avec un Rouleau où sont ces parolles *resolution immuable* ; ses deux Ancres répresentent le ferme apuy d'un Cœur amoureux uny par la foy qui est répresentée par ses mains jointes.

10. Felicité Mondaine.

Les Felicitez de la terre
Ne sont que pure vanité :
Comme elles ont l'éclat du Verre,
Elles ont sa fragilité.

L'on nous la répresente par une femme superbement vetuë, couronnée d'or, tenant un Sçeptre en main appuyée sur une plante fleurie, & de l'autre main elle tient un bassin plein de pierreries & de pieces d'or.

11. Fidelité.

Etre noble, être riche, être jeune, etre b[illegible]
Ce sont des traits fort éclatans :
Mais avoir tous ces traits & n'être fidelle,
On est fille pendant long-temps.

Il ne seroit pas besoin d'explicatio[illegible] cét embléme, si ce n'étoit pour suivre l'[illegible]dre ; car personne ne doute que ce ne [illegible] une femme vêtuë de blanc tenant un cac[illegible] d'une main ; une Clef de l'autre, ayant [illegible] chien à ses pieds qui sont les trois premi[illegible] symboles de la fidelité.

12. Faveur.

Combien de Courtisans vieillissent [illegible] la Cour,
Qui se voyent privez par des g[illegible] sans merite :
Je le sçai, dit l'Amant qu'[illegible] Concurrent dépite,
La Faveur est aveugle, aussi b[illegible] que l'Amour.

La faveur nous est répresentée par un je[illegible]ne homme avec des aisles au dos, répresentans par metaphore le vol de l'esprit ; [illegible] a les yeux & les pieds sur une Rouë, q[illegible] montre que la fortune distribuë ses faveu[illegible] par un caprice du hazard.

13. Franc Arbitre.

Adressez vos avis à tout aut[illegible] qu'à moy,
Caritidés du temps, Conseiller[illegible] Mercenaires ;
Je suis libre, & ma seul[illegible] Loy,
Est de faire seul mes affaire[illegible]

Jeune homme vêtu en Roy, aian[illegible] l'habillement trés superbe & de divers couleurs avec une Couronne d'or sur la tête, tenant un Sçeptre de la main droite, au bout duquel est une lettre *V*.

14. Fe-

1
FECONDITE
2
FOY CATHOLIQUE
3
FRAGILITE
4
FOURBERIE
5
GENEROSITE
6
GLOIRE
7
GRAVITE
8
GRATITUDE
9
GRACE DIVINE
10
GRACE DE DIEU
11
GLOUTONNIE
12
GRAMMAIRE
13
GLOIRE DES PRINCES
14
GEOGRAPHIE
15
GOUVERNEMEN
DE LA REPUBL

14. Felicité Eternelle.

Le prix pour lequel je combats,
N'est pas la vie d'ici bas;
Elle est terrestre, elle est mortelle.
Je combats pour le Ciel, pour la vie eternelle.

C'est l'image d'une jeune & belle femme nuë resplandissante & couronnée de laurier; elle est assise sur un Ciel estoillé regardant en haut d'un visage joyeux, qui montre que son Cœur n'a rien de terrestre, la palme qu'elle tient & la flamme de feu, nous denotent que la tribulation ne la peut détourner de combatre pour la Couronne eternelle.

15. Fortune d'Amour.

Qu'un Hymen est charmant & doux,
Quand l'Epoux est cheri d'une Epouse qu'il aime!
Ceux qui portent le Diademe,
Sont moins riches que cét Epoux.

Elle est peinte en femme de bonne mine, tenant de la main droite une Corne d'Abondance, & caressant de la gauche un Cupidon qui se joüe à l'entour d'elle, representant les faveurs que la Fortune fait aux Amants.

1. Fecondité.

Je suis Mere de l'Abondance,
Et comme la Sainte semence
Que répand le Pere commun,
Je produis cent pour un.

Elle est representée sous la Figure d'une jeune Femme, couronnée de Feuilles de Chenevier, plante qui multiplie beaucoup: Elle tient un Nid de Chardonnets sur son sein; Oiseau qui multiplie beaucoup, & encore plus les Poulets, & les Lapins qui sont representez à ses pieds.

2. Foi Catholique.

Je vois au travers d'un Miroir
Tous les Mystéres de la Grace:
Mais ce n'est pas assez de les appercevoir,
Je les crois & je les embrasse.

Femme armée d'un Casque, vétuë de blanc, tenant d'une main un Calice, & de l'autre un Cœur avec un Cierge allumé, qui represente la Vertu infuse, qui dissipe les Tenebres de l'Ignorance.

3. Fragilité.

Qu'est-ce, Mortels, que vôtre vie?
Elle vous est bien tôt ravie;
C'est d'un amas de fleurs un fragile Bouquet,
Un Verre qui ne tient que par un seul filet.

C'est une belle Femme couverte d'un Voile fort delié, tenant de la main droite un Bouquet de Fleurs & de Feuilles, & de la gauche une Fiole de verre, qui pend à un Filet, veritable symbole de la Fragilité.

4. Fourberie.

Rien n'est plus beau que mon debors
Tout en est grand, superbe, & riche;
Mais n'aille pas de prés examiner mon corps,
Tu pourrois rencontrer plus d'un Membre postiche.

Elle a pour Embléme une jeune Dame, tenant en main une Boëte de paille allumée, & portant une Robe longue chamarrée de Masques & de langues au travers; & dez qu'on la découvre, on voit une jambe de bois.

5. Générosité.

C'est le desinteressement ;
Qui fait mon caractére, & toute mon essence ;
Je donne liberalement
Sans esperer de recompense.

Son image est celui d'une jeune Fille si charmante, qu'elle attire à soy les yeux de tout le Monde : Elle est vêtuë de gaze d'or le plus noble des metaux, s'apuyant de la main gauche sur la Tête d'un Lion, l'Animal le plus généreux ; Et elle tient de la main droite des Chaines de pierreries & de perles, comme si elle en vouloit distribuer.

6. Gloire.

Je suis couronné de Lauriers,
C'est la Couronne qu'aux Guerriers,
A donné de tout temps une Valeur brillante :
J'en attends dans le Ciel une plus éclatante.

On nous répréſente la Gloire dans les anciennes Medailles par une Figure, aiant le haut du corps presque tout nud, portant d'une main une Sphére, où sont les douze Signes du Zodiaque ; Et de l'autre elle soutient une petite Figure, qui tient une Palme & une Guirlande : Sa nudité signifie qu'il n'y a jamais de Fard dans ses Actions glorieuses qui sont découvertes en tout tems : La Sphére qu'elle porte, manifeste que la gloire d'ici-bas n'occupe point tant ce Fait Heroïque, comme celle du Ciel, d'où elle attend la Récompense de ses Travaux.

7. Gravité.

Le caractere où je me plais,
N'est pas celui qui me fait rire :
Un Bouffon n'a pour moi que de fades attraits ;
Ce n'est qu'un Caton que j'admire.

C'est une Femme vêtuë de Pourpre, marque honorable ; elle porte au Col une Lettre cachetée en forme de joyau qui est comme le Caractére de la Noblesse : Son visage est tourné du côté d'un Flambeau allumé qu'elle tient de la main gauche, & de sa droite elle empoigne la Tête d'une petite Statuë dressée sur un piedestal.

8. Gratitude.

Ne méprise jamais la bouche qui te loüe,
Reconnois un bienfait, & le fais au plûtôt ;
L'Ingratitude est le défaut
D'une ame pestrie de bouë.

Le naturel de cette vertu paroit en trois choses differentes, premierement par la Cicogne, qui suivant les Naturalistes, est l'Animal le plus reconnoissant ; le Rameau de fleurs de Feves, est un autre symbole de gratitude, puisque l'on remarque qu'il engraisse le Terroir où elles viennent : Pour l'Eléphant on est pleinement convincu qu'il n'oublie point le Bien qu'on luy fait.

9. Grace Divine.

Homme aveugle & pécheur, endurci dans les vices,
Accepte ce Rameau, symbole de la Paix,
Et boi cette Coupe à longs trais :
Elle est pleine d'un vin, qui fera tes delices.

Voici le Sacré Tableau de la grace Divine sous la Forme d'une belle Dame, aiant sur la tête une Colombe ; Embléme du St. Esprit : Elle tourne les yeux vers le Ciel, tenant de la main droite un Rameau d'Olivier avec un Livre ouvert, & en la gauche une Coupe & un Escriteau avec ces paroles, *bibite & inebriamini.*

10. Grace de Dieu.

Je suis la source de ces biens,
Qui rendent heureux les Chrêtiens
Et par une bonté qui n'a point de seconde,
Je les présente à tout le monde.

C'est une jeune Vierge d'une beauté, qui charme tous ceux qui la contemplent : ayant une Couronne resplendissante qui environne, qui dissipe les nuages & les tenebres des Vices : Sa nudité & ses cheveux pendant nonchalenmant sur ses Espaules, sont les marques de son Innocence : Elle tient une Corne d'abondance, d'où tombent plusieurs sortes de Biens.

11. Gloutonnie.

Comme le plus vil animal,
Que Dieu crea dans la nature,
J'assouvis mon desir brutal,
Me remplissant de mets sans régle, ni mesure.

La Gourmandise est répresentée par une Femme aiant un long Col pour goûter plus delicieusement ce que son apetit lui inspire sans régle à l'imitation du Pourceau qui l'accompagne : Elle tient d'une main un verre plein de Liqueur & de l'autre un Pâté.

12. Grammaire.

Les biens qui découlent de moi,
Découlent proprement du Pere des Lumieres,
Comme je l'ay receu je le rends, & je croi
Qu'il sera comme à moi aux autre salutaire.

C'est une Femme de probité qui tient de la main gauche un Rouleau, où il est dit qu'elle enseigne à parler & à prononcer correctement, & de la main droite elle tient un Vase avec lequel elle arrose une Plante.

13. Gloire des Princes.

J'aquiers beaucoup d'éclat par les Exploits de guerre,
Mais ce n'est que l'éclat des grandeurs de la terre,
Et c'est un éclat qu'un Héros
Croit indigne de ses travaux.

L'Empereur Adrien voulant donner des marques de reconnoissance à un Prince qui l'avoit courageusement suivi dans des Actions Heroïques, fit fraper une Medaille à sa Gloire ; qui est une Déesse superbement vetuë, couronnée d'or ; en tenant une autre de laurer de la main droite ; Soutenant de la gauche une forte Piramide.

14. Geographie.

C'est par moi qu'on connoit tout ce vaste Univers,
Et que sans traverser ni la terre ni l'onde,
On void mille peuples divers,
Et tout ce qui se passe en l'un & l'autre Monde.

Elle a pour Embléme une Vieille Femme, aiant à ses pieds le Globe de la Terre ; tenant de la main gauche un Compas, & en la droite un quarré Geometrique : La Geographie est un Art qui enseigne, à connoître les parties de la Terre, les Royaumes, les Provinces, les Villes, les Mers, les Isles, les Montagnes, les Rivieres, &c.

15. Gouvernement de Republique.

Ceux qui gouvernent les Etats,
Doivent être comme Pallas,
Faire de la Paix leurs charmes
Et sçavoir manier les armes.

On le répréfente par une Pallas couronnée d'Olivier, & tenant de la main droite un Rameau du même Arbre, qui est le Symbole de la Paix, & de la gauche un Dard, pour montrer qu'Elle est toûjours

jours prête pour la guerre, si la necessité le requiert.

1. Harmonie.

On ignore par quels ressorts
On void certains Etats grands en si peu d'années ;
Je vous l'aprens ici, c'est à mes doux accords,
Que ces heureux Etats doivent leurs destinées.

L'Harmonie est ici réprésentée par une belle Reyne aiant sur la tête une Couronne brillante de pierreries, comme fille du Ciel, dont les charmes enchantent les cœurs, flechissent les tygres, & donnent des mouvements aux choses les moins animées : Elle tient une Lyre d'une main & un archet de l'autre.

2. Histoire.

L'on devroit ériger des Autels à l'Histoire :
C'est elle qui nous place au Temple de memoire,
Elle nous fait révivre, & ses Ecrits sont tels,
Qu'elle nous rend meme immortels.

Vous la voyez réprésentée par la figure d'un Ange écrivant dans un livre sur le dos du temps, pour monstrer qu'elle en est victorieuse ; sa robe blanche est le symbole de sa pureté qui est sincere & sans fard.

3. Hospitalité.

Celui dont la maison est ouverte en tous temps
Aux Etrangers, aux Indigens,
Fait admirer son nom dans les Païs étranges,
Et reçoit quelquefois des Anges.

On la peint belle d'un âge mediocre pour monstrer que la Jeunesse est trop adonnée aux plaisirs de la vie pour posseder cette sublime vertu ; & la vieillesse est trop subjette à l'avarice. Elle tient d'une main une corne d'abondance, d'où tombent divers fruits, qu'un petit Enfant semble vouloir cueillir : elle se tourne du côté d'un pelerin quelle accueille & luy donne la piece ; elle est vêtuë de blanc pour montrer la pureté de son ame.

4. Humilité.

Je suis toujours humble & soumise ;
Airs du monde, grandeurs, faste, je vous meprise.
Dieu résiste à l'orgueil, il abat la fierté,
Et fait grace à l'Humilité.

Cette Vierge vêtuë de blanc, ayant la tête baissée, les bras croisez, tenant une bale en main, symbole du bondissement de cette vertu, aussi bien que la Couronne qu'elle a sous l'un de ses pieds, & l'agneau qu'elle a à son côté.

5. Harmonie d'Amour.

J'ai quitté mon flambeau, mon arc & mon Carquois,
Et joignant à ma douce voix
Les charmans accords de ma Lyre
J'enchante tous les cœurs pour lesquels je soupire.

Le Dieu Cupidon ayant mis bas son carquois, son arc & ses flêches, a pris de la main droite une Lyre, & de la gauche un archelet pour montrer qu'il n'y a plus que de la joye à attendre de son Harmonie.

6. Hu-

1 HARMONIE
2 HISTOIRE
3 HOSPITALITE
4 HUMILITE
5 HARMONIE D'AMOUR
6 HUMANITE
7 HOROGRAPHIE
8 HERESIE
9 HONNEUR
10 HONNETETE
11 HIPOCRISIE
12 HOMICIDE
13 HIDROGRAPHIE
14 HYUER
15 HUMILITE

6. Humanité.

Rien ne peut égaler mon affabilité,
Douce, flateuse, populaire,
Je m'exprime avec tant de debonnaireté,
Que je n'ai qu'à parler pour plaire.

Ce qu'on appelle Humanité, se peut appeller aussi Courtoisie, puis que c'est proprement une Inclination, pour plaire à autrui; Elle est répresentée par une Dame vêtue de couleur celeste, tenant de sa main droite une chaisne d'or, pour montrer que les ames genereuses semblent s'attacher entre elles par de mutuels offices qu'elles se rendent.

7. Horographie.

Nos crimes font que justement,
En douleurs nôtre âge s'envole,
Comme une heure qui sonne, ou comme une parole,
Qui naist & meurt en l'air presque en meme moment.

C'est la peinture d'une Jeune femme qui a sur sa tête une horloge de sable, tenant de la main droite un quadran solaire sur lequel le soleil darde ses rayons, & par l'ombre du Style vous voyez que les heures se renouvellent, dans sa main gauche, Elle tient une Regle & un Compas, Instruments necessaires pour former les divisions des lignes: Elle est vêtuë de couleur celeste.

8. Herésie.

Ce n'est pas par l'Antiquité,
Qu'on distingue l'erreur d'avec la verité,
L'Herésie la plus mortelle
Est presque aussi vieille qu'elle.

L'Herésie, c'est une Erreur de l'Esprit, à laquelle la volonté s'attache sans vouloir faire attention à la raison; El le est peinte vieille, pour montrer qu'il y a eu de tout tems des Herétiques qui ne veulent suivre que leur sens reprouvé & la doctrine des hommes; il sort de sa bouche des flammes représantant cette fausse doctrine, de même les cheveux espars & ce divorcé serpent qui sort d'un livre qu'elle tient en main.

9. Honneur.

L'Honneur & la Vertu marchent toujours ensemble,
Elles ont chacune leur Temple.
Dans celui de l'honneur on n'est point reconnu,
Que l'on n'ait visité celui de la vertu.

Ce Guerrier couronné de palme portant une chaine d'or au Col, tenant une Lance & un Escusson où sont peints deux Temples avec ces mots, *hîc terminus haeret*, répresente l'honneur qui est fils de la victoire; les deux Temples qui sont denoncez par la devise, nous montrent que l'honneur & la vertu sont inseparables.

10. Honnéteté.

Je cache sous ce voile épais
Tous mes charmes, tous mes attraits:
La vertu d'une femme est ce qui la rend belle,
Mais ce n'est pas toûjours ce que l'on cherche en elle.

Elle est répresentée par une Dame modestement vêtuë qui marque la moderation de son ame, puis qu'ayant les yeux voilez, elle montre que la chasteté fuit les objets par-où la concupiscence pourroit entrer dans son cœur.

11. Hipocrisie.

A ne juger de moi que par l'exterieur,
Je serois un Vaisseau de grace:
Mais je suis sans vertu, lache, double de cœur;
Et si je fais le bien, ce n'est que par grimace.

Il n'y a rien de plus difficile à connoistre dans ce siécle, que l'Hipocrisie; car à voir cette femme pasle couverte d'un voile noir, porter une robe rapiecée, tenant d'une main un chapelet & un livre de prieres qu'elle regarde avec attention, & de l'autre main donnant l'aumone à un Pauvre, on diroit être un veritable exemple de vertu; cependant je m'apperçois que c'est un loup ravissant sous la figure d'un agneau, puis qu'on luy voit des pieds d'une bête feroce.

12. Homicide.

Je ne respire que fureur ,
Que sang , que meurtre , que carnage.
Ne sois donc pas surpris , si mon corps, mon visage,
Si mon air meme fait horreur.

Il est representé par un homme de mauvaise mine, couvert d'un manteau rouge qui marque la Cruauté, tenant d'une main un Coutelas nud, de l'autre main une tête qu'il vient de couper: Il a un visage effroyable, pour montrer que le meurtre est odieux à tous les hommes.

13. Hydrographie.

Je suis une Science à plusieurs inconnuë ,
Voici ce que je fais : je montre quelles Mers
Entourent ce vaste Univers ,
Quels sont leurs noms , leurs bras , quelle est leur étenduë.

La figure est celle d'une vieille femme vêtuë d'une robe de gaze d'argent , symbole de l'eau, & de son mouvement ; le principal objet de cét Art consistant en la description des Mers dont elle prend les dimensions avec la boussole qui est à ses pieds; sa tête est entourée d'Estoiles ; de la main droite, Elle tient une carte marine, & de la gauche un navire.

14. L'Hyver.

L'hyver froid & tremblant tout couvert de glaçons ,
Par d'étranges dégats vient désoler la Terre ;
Il dépouille les champs de fruits & de moissons ,
Faisant aux animaux une efroyable guerre.

Vous trouverez l'yver encore réprésenté ailleurs; je vous diray qu'il y en a qui le representent par un Vulcan prez de sa forge , d'autres par Eole laschant d'une grote des vents Impetueux.

15. Humilité.

En tout temps disposée à tout évenement
Je suis tranquille , je suis calme ,
Je m'éleve comme la Palme ,
Dans mon plus grand abaissement.

Celle à qui vous voyez tenir une palme à la main, vous montre que l'Humilité, merite comme cette plante que plus on l'abaisse , plus Elle s'éleve ; elle a sous ses pieds une Couronne, pour montrer le mépris qu'elle fait des grandeurs de la Terre & méprisant jusqu'à son propre merite.

1. Intellect.

Rien que de grand ne fait mes ocupations,
Et maitre de ces Passions,
Dont chaque Mortel est esclave,
Je les mâtine , je les brave.

L'Intellect est ici peint sous la figure d'un jeune homme à cause qu'elle ne-

1
INTELLECT
2
INNOCENC
3
INUOCATION
4
INSTRUCTION
5
IMAGINATION
6
INSTINT NA TUREL
7
INTELIGENCE
8
INCLINATION
9
INCONSTANCE
10
IEUSNE
11
INUENTION
12
INJURE
13
IUSTICE
14
IUSTICE INUIOLABLE
15
IUSTICE RIGOUREUSE

e vieillit point. Il a une Couronne sur sa ête d'où s'exhale une Flame. Il tient un ceptre répréſentant l'empire qu'il a sur ses assions, il regarde fixement un Aigle pour montrer que la vivacité de son entendement n'est qu'aux choses hautes.

2. Innocence.

e suis comme un Agneau, sans venin & sans fiel,
Et mes mains pures de tout crime,
Je les éleve vers le Ciel,
Qui défend l'Innocent que l'injustice opprime.

Elle a pour Embleme une jeune fille ouronnée de Palmes, en action de laver es mains dans un Bassin, aux pieds de aquelle est couché un Agneau; Hyeroliphe que tous les Auteurs ont pris pour éprésenter l'Innocence.

3. Invocation.

Le souverain Maitre du monde,
Qui void tout, qui peut tout, à qui tout est soumis,
Est le seul sur lequel tout mon espoir se fonde,
e l'invoque & crains peu mes plus fiers ennemis.

C'est une Femme qui a les mains joines, qui regarde le Ciel pour montrer que secours qu'elle attend doit venir d'enaut: on lui voit sortir de sa tête & de bouche, des flammes qui denotent l'areur de son zele, & de sa priere.

4. Instruction.

L'exemple est un Predicateur,
Qui persuade mieux que toute l'Eloquence.
n suit mieux ce que fait un sage Precepteur,
Que les Preceptes qu'il avance.

C'est un homme de probité avec une roe longue tenant un Miroir, & un écriteu avec ces paroles, *Inspices, cautus eris*, où se considere soy-même pour montrer u'en l'Ecole de la Vertu il faut que les çavans se nettoyent eux-mêmes pour onner plus de poids à leurs Instructions.

5. Imagination.

Tout objet quel qu'il soit, est de ma dépendance,
Mon Domaine s'étend des Cieux jusqu'aux Enfers,
Et je puis parcourir sans nulle resistance,
D'un clin d'œil tous les Coins de ce vaste Univers.

L'Imagination est un mouvement qui se fait par les sens; on la répréſente par une femme vêtuë d'une Robe de couleur changeante, pour montrer qu'elle est susceptible à toutes sortes d'objets qui luy sont presentez: elle a une coëffure bizarre, ayant les cheveux herissez, des aisles, & diverses petites figures qui lui forment une Couronne.

6. Instinct naturel.

Si j'agis sans façon, si je parle sans fard,
Si l'on ne void en moy qu'équité, que droiture,
N'en soyez pas surpris; je ne dois rien à l'Art,
Et je dois tout à la Nature.

Il est peint en jeune garçon, pource qu'il est toûjours égal: il est nud & semble courir, pour montrer qu'il n'agit que par lui même: il a le visage voilé, pour faire croire que l'Instinct est une des choses de la nature les plus cachées: il tient en sa main droite la fleur du Soleil qui est l'Embleme le plus convenable.

7. Intelligence.

Ce n'est pas tout d'un coup qu'on aquiert ce talent,
Qui nous rend penetrans & sages.
On rampe, on fait cent personnages,
C'est par là qu'on devient habile, intelligent.

C'est une Femme vêtuë de gaze d'or pour la distinguer du commun; elle est couronnée d'une guirlande, tenant une Sphere d'une main, & un Serpent de l'autre: ce qui nous signifie qu'avant que de pouvoir venir à une haute Intelligence il faut ramper.

8. Inclination.

C'est en aveugle que j'agis,

Parce que j'agis par caprice;
C'est pur hazard si je choisis,
Plûtôt la vertu que le vice.

Elle est répréſentée jeune à cauſe qu'elle est inconſtante, portant ſon eſprit auſſi-tôt aux choſes mauvaiſes qu'aux bonnes; elle est vêtuë de noir & de blanc; ſur la tête elle a deux étoilles differentes, l'une de Jupiter, & l'autre de Saturne, l'une benigne, & l'autre paiſible; elle tient des roſes d'une main, & de l'autre des eſpines avec des aiſles au pied.

9. Inconſtance.

Les Vagues, & l'Aſtre qui luit,
Pendant les horreurs de la nuit,
Sont mon image & mon embleme,
Car je ne ſuis jamais la même.

C'eſt une Femme vêtuë de bleu, pour imiter les vagues de la mer; qui marque ſon inconſtance; elle ſoutient une Lune que nous voyons le plus muable des Aſtres.

10. Jeuſne.

Lors qu'on joint à la vigilence,
Une ſage & ſainte abſtinence,
On triomphe aiſément du monde & de la chair:
On brave la mort, & l'Enfer.

Voici l'Embleme du Jeuſne, un homme Robuſte dans la fleur de ſon âge: il marche ſur un Crocodile pour marquer ſon mepris pour le vice; il tient un Poiſſon en main qui eſt le ſymbole de l'abſtinence, ayant un liévre ſous ſon bras; animal qui dort les yeux ouverts, ſignifiant que du Jeuſne vient la viligence.

11. Invention.

Jette les yeux de toutes parts,
Tu ne trouveras rien qui me ſoit comparable.
Etant Mere de tous les Arts,
Tout l'Univers m'eſt rédevable.

Cette Maitreſſe des Arts eſt vêtuë d'une Robe blanche, ſur quoy eſt écrit *Non aliunde.* Elle a ſur ſa tête deux aiſlerons pour montrer qu'elle n'a rien de ba[s]. Elle tient d'une main l'image de la Nature, & de l'autre un Rouleau, où e[st] écrit *ad operam.*

12. Injure.

Ces chêveux tous épars, ces verges en mes mains
Font voir ce que ſont les Humains:
Du moment que quelqu'un les choque, les offenſe
Ils ne reſpirent que vengeance.

Par la poſture de cette Femme, il e[st] aiſé de juger qu'elle n'eſt pas en état d[e] conter des douceurs; ces cheveux épars comme une Bacchante; cette main ſur le flanc, & l'autre tenant des verges; ce ſon[t] les veritables ſymboles d'une langue injurieuſe.

13. Juſtice.

J'ai beaucoup de ſéverité,
J'ai plus encore d'équité:
Il faut que le bon juge aït l'ame & les mains pures,
S'il veut punir le crime & venger les injures.

Cét embleme de Juſtice eſt repreſenté par une vierge couronnée, couverte d'une robe d'or, portant à ſon co[l] un riche Joyau pour montrer que c'eſt une vertu ineſtimable. Elle tient un œil en main, ſymbole de la pénétration.

14. Juſtice inviolable.

Aſſiſe ſur mon Tribunal,
Rien ne peut m'éblouïr, rien ne peut me ſurprendre,
Rois & Bergers, tout m'eſt égal,
Je ne rends à chacun que ce qu'il leur faut rendre.

Elle eſt repreſentée par une Femme majeſtueuſe, qui pour montrer qu'elle eſt la Reyne des Vertus porte ſur ſa teſte une Couronne Royale, tient de la main droite une épée qui enfile une Couronne & tient une Balance de l'autre, pour peſer

27
1
MARS
2
AVRIL
3
MAY
4
IVIN
5
IVILLET
6
AOVST
7
SEPTEMBRE
8
OCTOBRE
9
NOVEMBRE
10
DECEMBRE
11
IANVIER
12
FEVRIER
13
RENOMMEE
14
GLORIEVSE RENOMMEE
15
BONNE RENOMMEE

ſer les bonnes ou mauvaiſes actions: elle un chien & un ſerpent à ſes côtez ; Emblême de la fidelité & de la prudence.

15. Juſtice rigoureuſe.

Aux cris du Malfaiteur je ſuis inexorable,
Severe au dernier point je ne pardonne rien ;
Mortels, ſoyez tous gens de bien,
Je n'auray rien pour vous d'hideux, ni d'effroyable.

Elle ne peut être mieux repreſentée que ſous la forme d'un ſquelette couronné, couvert d'un drap blanc, cette figure effroyable s'apuyant de la main droite ſur une épée, & de la gauche tenant une Balance, pour montrer que comme la mort ne favoriſe perſonne, un Juge rigoureux n'écoute point les excuſes des Criminels.

1. Janvier.

En ce renouveau de l'année
L'on ſe regale de preſents
Bijoux, Confiture, rubants
Occupent de Janvier la premiere journée.

Janvier emprunte ſon nom du Dieu Janus ; & divers Auteurs le repreſentent avec deux viſages pour nous montrer qu'il regarde le paſſé & l'avenir : on lui donne des aiſles, qui nous marquent que lors qu'il eſt paſſé, ſon retour n'eſt que comme un vol ; ſon habit blanc & le ſigne du Verſeur d'eau que l'on luy fait porter, dénotent la neige & le frimat qui ſe repand en plus grande abondance dans ce mois que dans les autres. Le Soleil recommencant à nous faire renaitre les beaux jours, les Européens ont choiſy le premier jour de ce mois pour ſe temoiger amitié.

2. Février.

Dans ce temps de divertiſſements,
Un chacun veut paroitre habille ;
Les bals & les deguiſements,
Occupent la Cour & la Ville.

Ce mois a été nommé Février par *Numa Pompilius*, à cauſe d'une fiévre maligne qui regnoit de ſon temps. A ce même mois le Soleil paſſe ſous le ſigne celeſte du Verſeur d'Eau ; c'eſt pourquoi on luy fait porter le poiſſon, animal aquatique, qui nous ſignifie les eaux & les pluyes qui noyent les Campagnes.

3. Mars.

Tout eſt maigre en cette ſaiſon,
Où le jeuſne nous mortifie ;
Et pour ſoutenir nôtre vie
On n'a que legume ou poiſſon.

Pluſieurs Anciens commencent l'année par le mois de Mars ; on le peint en jeune guerrier vêtu de couleur tannée qui eſt composé de rouge & de noir : le noir ſignifie la terre ; le rouge la vertu du ſoleil qui la réchauſe & fait pouſſer les plantes & ranime toutes choſes. Il a des aiſles au dos, tenant de ſa main droite le ſigne du Belier, & de la gauche une taſſe de fruits précoces. Il a un heaume ſur ſa tête avec une mine ſevere, pour avoir été dedié par *Romulus* à ſon pere Mars qui lui donna le même nom. Par toute la Chrétienté c'eſt le temps où ſe fait un Caréme.

4. Avril.

Le Ciel favorable à nos vœux,
Reprend une face nouvelle ;
Et des chiens la troupe fidelle ;
Nous va rendre à la chaſſe heureux.

Avril nous eſt peint jeune Garçon avec une

Guir-

Guirlande de Myrthe, comme celle qui fut dediée à Venus : il porte un habit verd representant l'état de la terre, sous le signe du Taureau qu'il tient de la main droite, environné de fleurs : & de la gauche il tient une coupe remplie de la production de la saison.

5. May.

La Terre se pare de fleurs,
Elle en fait des bouquets à Flore
Et rit aux dépens de l'Aurore,
Et se rejouit de ses pleurs,

May est representé par un jeune homme tenant de sa main droite le signe des jumeaux, pour montrer que la force du soleil redouble en ce mois : il est entouré de Roses tenant de la gauche un rameau verdoyant : il est habillé de verd semé de fleurs, portant aussi une Guirlande.

6. Juin.

Philis, Criez au loup, & laissez dans la plaine,
Vos paisibles brebis errer dans leurs vallons ;
Car les habilles tireurs de laine ;
En veulent ailleurs qu'aux moutons.

Les Anciens ne sont pas d'accord sur son Ethymologie. Il y en a qui le font deriver des Latins, à *Majoribus*, à cause que Romulus ayant divisé le peuple Romain en deux parties composées de viellards & de jeunes gens les uns pour le conseil & les autres pour l'expedition; pour cela l'on nomme May & Juin ; d'autres disent que son nom vient de Junon à cause que le premier jour de ce mois l'on dedia le Temple de cette Deesse. On lui peint des aisles, & l'on l'habille de verd jaunissant à cause que le soleil en ce temps fait jaunir les grains. On luy donne une guirlande d'espys : elle porte de la main droite le signe de la genisse, pour montrer que le Soleil venant à ce signe commence à retrograder.

7. Juillet.

On entasse le foin, sur la preairie unie
Dont la faux a tranché le sort ;
C'est l'image de nôtre vie
C'est limage de nôtre mort.

Il est nommé Juillet à cause du nom du Dictateur Jules Cesar qui nasqui le dousiéme de ce mois : il tient d'une main le signe du Lion animal chaud & cruel ; Ce qui signifie que le Soleil passant ce signe, produit une chaleur excessive il est habillé de jaune, & couronné d'espys meurs, tenant de la main gauche une tasse pleine de fruits.

8. Août.

Climenes Alix, Cloris dépouillant nos guerets
La faucille à la main, Elles font des javelles,
Et donnent des graces nouvelles
A ces richesses de Cerez.

Ce mois s'apelloit autrefois Sextil, lors que l'on commenoit l'année par Mars mais il fut nommé Août par le Senat Romain qui le consacra en l'honneur d'Auguste aprés avoir par trois fois triomphé dans Rome & assujety l'Epypte à la Puissance Romaine : il est habillé de couleur de feu portant une Guirlande de Roses de Damas, de Jasmin & autres fleurs : il tient de sa droite le signe de la Vierge pour montrer qu'une vierge étant sterile, de même le soleil ne produit rien dans ce mois, ne fesant que perfectionner ce que les autres ont commencé : il tient de la main gauche une tasse pleine de fruits.

9. Septembre.

Quand cette belle vandangeuse
Sur sa cuve tourne les yeux
C'est pour nous preparer dans la saison vineuse
Un breuvage delicieux.

L'on

L'on peint ce mois des vandanges Jeune & riant, habillé de pourpre, pour montrer sa richesse: il à des aisles & une Guirlande, tenant la Balance d'une main, & de l'autre une Corne d'Amalthée pleine de raisins & autres fruits delicieux. Il est nommé Septembre a cause qu'il étoit le septiéme mois lors que l'année commençoit par Mars. C'est dans ce mois que les jours,& les nuits sont esgaux. C'est le symbole de la Balance.

10. Octobre.

C'est dans ce mois, qu'Iris infatigable
S'applique à recueillir des fruits
Pour faire l'honneur de sa table
De ces riches tresors que la terre a produits.

Domitian à été autrefois le nom de ce mois; mais le Senat Romain trouva à propos de le changer à cause de l'horreur que l'on avoit du Prince dont il portoit le nom. On le peint jeune homme vêtu d'incarnat couronné de fueilles de chesne, tenant le signe du scorpion de la main droite, & de la gauche un panier plein de fruit d'hyver.

11. Novembre.

Pour faire la guerre aux oiseaux,
Iris dez le matin va voller dans la plaine
Et fait un plaisir de sa peine
Quand elle fait donner quelqu'un dans ses panneaux.

On le répréſente jeune vêtu de couleur de fueille morte, couronné d'une Guirlande d'olivier, portant de sa droite le signe celeste du Sagittaire, signe facheux pour ses incommoditez. Il porte de la gauche une corne d'abondance pleine de racines tirées de la terre dans ce mois.

12. Decembre.

Quand la rigeur de la Saison
Tient Doris sous la cheminée,
Elle souffle alors le tison
Jusqu'à la fin de la journée.

Il est répréſenté avec un visage horrible à voir: il porte de la main droite le Capricorne; il a des aisles au dos, & est vêtu de noir. Il porte des Truffes de la main gauche, à cause que c'est la saison de les manger bonnes.

13. Renommée.

De Climat en Climat je vole en un moment;
Il n'est rien que je né publie:
Et je grossis également,
Mensonges, veritez, vices, vertus, folie.

Communement on la depeint avec de grandes aisles dont Elle s'éléve en l'air, portant une roble fort deliée, tenant une Trompette de chaque main dont Elle sonne sans distinction; ce qui fait qu'elle publie les Mensonge comme la verité; elle est assise sur une nuée qui marque son inconstance.

14. Glorieuse Renommée.

Les plus grands de tous les exploits,
Sans moy s'en iroient en fumée:
C'est la voix de la Renommée,
Qui fait valoir les Heros, & les Rois.

La glorieuse Renommée est répréſentée dans une Medaille de l'Empereur Trajan par un Mercure, qui tient de la main droite un Caducée ayant des talonieres, qui marque que c'est l'ancien Courrier dont Jupiter se servoit pour annoncer les bonnes nouvelles. Le Cheval Pegase qu'il tient de la main gauche, signifie que par sa vitesse les faits memorables sont bien tôt publiez au Païs lointains.

15. Bonne Renommée.

La bonne Renommée est un present des Cieux;
Elle impose silence à la plus noire envie:
Mais il faut qu'une sainte vie,
Soûtienne un bien si precieux.

Elle est répréſentée par la figure d'une jeune femme enjouée qui tient une Trompette

pette de la main droite, qui signifie le bruit qui se répand par tout; de la gauche elle tient un Rameau d'Olivier qui est le symbole des bons évenemens.

1. Le Solstice d'Hyver.

Le Soleil paresseux à fournir sa carriere,
Semble nous envier sa brillante lumiere.

TOus les Auteurs nous répresentent le Solstice d'Hyver par un vieillard, qui est couvert d'une robbe fourrée, tenant de sa main gauche un globe illuminé seulement de la quatriéme partie; sous son bras une chévreuil, il a quatre aisles, deux blanches au pied droit, & deux noires au gauche: on voit au dessus de ses pieds un cercle en forme de Couronne d'un bleu turquin avec le signe du Capricorne & douze étoiles.

2. L'Equinoxe du Printemps.

L'Email de mille fleurs, nouvellement écloses,
Est un tableau vivant du plus beau de nos jours;
Le Printems embellit, rajeunit toutes choses;
Amans, profitez-en; C'est le tems des Amours.

On nous répresente l'Equinoxe du Printemps, par un jeune homme vêtu d'une robe blanche d'un côté, & noire de l'autre, ornée d'une ceinture bleu turquin sans nœuds semée de petites étoiles, tenant sous le bras un Mouton, & de la main gauche une Guirlande de fleurs: A ses pieds elle a deux aisserons, l'un blanc & l'autre noir.

3. L'Equinoxe de l'Automne.

Non de fleurs, mais de fruits, je porte une Couronne,
Je les repands à plienes mains:
A des effets si doux reconnoissez l'Automne,
Qui paye largement les travail des Humains.

C'est avec justice que l'on le répresenté par un homme d'âge viril, vêtu de blanc & de noir avec une ceinture de bleu turquin parsemée d'étoiles, tenant le signe de la Balance, dans les bassin de laquelle sont deux globes égaux, moitié blancs & moitié noirs; & d'une main elle tient divers fruits: il porte aussi des aisles à ses pieds.

4. Le siécle d'Or.

O! le bien heureux tems, O! l'Age fortuné;
Tout causoit du plaisir, rien n'étoit incommode,
Puisse-t-il pour toûjours nous être ramené;
Que toutes ses douceure deviennent à la mode.

Cét agreable temps nous est répresenté par une belle fille couronnée d'une Guirlande de fleurs, vêtuë d'un simple habillement, tenant d'une main une ruche de mouche à Miël, & de l'autre un rameau d'Olivier.

5. L'Age d'Argent.

Bien-tôt l'Ambition s'empara des humains.
Le desir d'acquérir & la concupiscence,
Souillerent aussi-tôt, & leurs cœurs, & leurs mains,
Et le Monde perdit sa tranquille innocence.

L'ajustement de cette beauté suplée au charme de la precedente; elle est vêtuë de gaze d'argent, coiffée de pierreries, s'apuyant sur un soc de charruë & portant une gerbe d'espys jaunissants.

6. L'Age d'Airain.

Voicy l'Age tissu des plus funestes jours,
Qui combla les Mortels de mille maux étranges,
Puisse-t-il pour jamais finir son triste cours,
Et nous rendre par tout la douceur de l'orange.

Elle

30
1
LE SOLSTICE D'HIVER
2
3
4
LE SIECLE D'OR
5
LE SIECLE D'
6
7
LE SIECLE DE FER
8
9
L'OUYE
10
L'ODORAT
11
L'ATOUCHEMEN
12
LE GOUST
13
LE COLERIQUE
14
LE SANGUIN
15
LE MELANCOLI QUE

Elle est répréſentée par une femme dont le viſage marque une grande reſolution ; elle est armée, portant un heaume ſur lequel il y a la tête d'un Lion ; elle eſt vêtuë d'une Robbe debroderie & tenant en main une Lance.

7. L'Age de Fer.

La peur de perdre un bien avec peine amaſſé,
Fit alors reſſentir de mortelles alarmes,
Et pour le conſerver l'homme ſe vit forcé,
D'inventer les Procez & de forger des Armes.

Cette Femme, épouventable à voir, nous répréſente le dernier ſiécle de calamitez ; vous voyez par ſon habillement couleur de fer, cette tête de loup ſur ſon heaume, & l'épée nuë qu'elle tient d'une main, & l'écu de l'autre, qu'elle n'aſpire qu'aprés les Combats.

8. La Veuë.

Chef d'œuvre merueilleux, Oeil de qui la ſtructure,
Eſt au-deſſus de la raiſon,
Tu nous fais admirer & l'Art, & la Nature,
Mais tu reçois ſouvent un dangereux poiſon.

La Veuë nous eſt répréſentée ſous le ſymbole d'un jeune homme qui tient de ſa main droite un vautour, & de la droite un miroir, ayant un Arc en Ciel par derrierre, pour montrer la diverſité des couleurs que l'œil reçoit. Le autour y eſt à cauſe de la ſubtilité de ſa Veuë, & le miroir à cauſe que ce n'eſt qu'une emprunt que l'œil fait pour la communiquer à nos ſens.

9. L'oüye.

Doux accords, divine harmonie,
Agreable preſent des Cieux ;
Que vous donnez à nôtre envie
Des momens précieux !

On nous la répréſente par une femme ayant prés d'elle une Biche ; elle tient de ſa main droite un Luth denotant par là que l'on ne peut juger de la douceur, de l'Harmonie ſi l'on n'a l'oreille bonne ; de la gauche elle tient l'oreille d'un Taureau qui ſuivant les Naturaliſtes, eſt l'animal le plus à lerte aprés le gemiſſement de ſa femelle, & la Biche eſt le ſymbole de la crainte, ayant l'oüye ſi ſubtile qu'elle s'enfuit au tremblement d'une fueille.

10. L'Odorat.

Si par l'éclat de vos couleurs,
Aux ſeveres beautez vous ſervez de parure,
Vous été encor, belles Fleurs,
Le parfun le plus doux de toute la Nature.

Ce ſymbole ſe répréſente par un jeune Garçon, qui tient un vaſe de la main gauche, & de la droite va Bouquet ; ayant à ſes pieds un chien, & ſa robe ſemée de toute ſorte de fleurs ; ce qui n'a pas beſoin d'explication ; le bouquet ſignifie l'odeur naturelle, & le vaſe celle qui ſe fait par l'art.

11. Le Goût.

Une charmante Compagnie,
Pain blanc, ragouſt bien appreſté,
Vin frais, & Table bien garnie ;
C'eſt pour vivre en bonne ſanté.

Les Anciens nous le répreſentent par une femme tenant une pêche, & un panier remply de fruits : les Modernes le répréſentent par diverſes ſortes de raiſins quoy que la pêche aît des qualitez toutes particulieres.

12. L'Atouchement.

On s'engage ſouvent d'être toûjours fidelle,
Et l'on change le lendemain :
Mais cependant l'Amour devroit être éternelle,
Quand on s'eſt touché dans la main.

L'Atouchement a pour ſymbole une femme dont le bras droit eſt tout nud, & un faucon étendant ſes aiſles ſur ſa

gauche

gauche avec une Tortuë à ses pieds, qui sont les trois figures hierogliphyques de l'Atouchement.

13. Le Colerique.

Les visages enflez venant de l'insolence
De leur premier mouvement,
Ils peuvent difficilement,
S'arrester dans leur violence.

La posture de cét homme nous pourroit exempter de vous dire que son regard furieux, le corps nud, le teint jaunatre ayant l'épée à la main, un écu avec une flamme dans le milieu, & un Lyon irrité qui l'accompagne, sont le symbole de la colere.

14. Le Sanguin.

Le meilleur des Temperamens,
Se reconnoit à la mine riante
D'un jeune Cavalier, qui rit, qui boit, qui chante;
Il est propre aux Guerriers, aux Benveurs, aux Amans.

Le symbole se répresente par un garçon robuste, replet, de bonne humeur par la joye que le luth de quoy il jouë manifeste; & le Mouton qui broute des Raisins à ses pieds, montre que Venus & Bacchus, ne sont pas les moindres de ses plaisirs.

15. Le Melancolique.

Cessons de nous ronger des soins ambitieux,
Suivons les Ecrivains & de Prose, & de Vers,
Proferons à la Cour, les champs & les deserts,
Vivant en sollitaire pour ne songer qu'aux Cieux.

Il a le teint basanné, tenant de la main gauche un livre ouvert comme s'il vouloit estudier, & de la droite une bourse liée, ayant un passereau solitaire, sur sa tête, une bandelette qui lui serre la bouche, qui signifie que le Melancolique ne parle pas beaucoup, aymant la lecture, & la solitude comme ce passereau solitaire; Il a sous ses pieds une figure quarrée.

1. Lassitude.

Ma maigreur, mon habit, ma posture indolente,
Me dépeignent naïvement.
Je travaille, j'agis, je cours, je me tourmente:
Et puis c'est tout le plus souvent.

C'Est une Femme fort maigre, legerement vêtuë, & qui a la gorge descouverte, elle s'appuie de la main gauche sur un bâton, & tient un évantail dont il semble qu'elle se vente.

2. Liberté.

De tous les biens temporels,
Dont joüissent les mortels,
Sur cette terre miserable,
Avoir la liberté, c'est le plus desirable.

Elle a pour symbole une Femme vêtuë de blanc, tenant un sçeptre en la main, qui signifie l'Empire de la Liberté. Le bonnet qu'elle tient, & le chat qui est auprés d'elle, n'en sont pas de moindres emblemes.

3. Liberalité.

Chacun desire l'abondance,
Chacun veut des biens, mais pour soi,
J'en desire à mon tour, mais ce n'est pas pour moi;
La joye qu'ils me font, c'est que je les dispense.

La

32
1
LASSITUDE
2
LIBERTE
3
LIBERALITE
4
LIBRE OU FRANC ARBITRE
5
LOGIQUE
6
LOUANGE
7
LE PRINTEMPS
8
L'ESTE
9
L'AUTOMNE
10
L'HIVER
11
LE VENT D'ORIENT
12
LE VENT DOCCI DENT
13
LE VENT DE MIDY
14
LE VENT DE BIZE
15
LE SOLSTICE D'ESTE

La Liberalité se répréſente par une Femme qui a les yeux un peu enfoncez, le front carré, le nez aquilin, ayant une robe blanche, un Aigle ſur la tête, un Compas dans une main, avec une corne d'Abondance renverſée, d'où s'épandent divers Joyaux : Elle en tient une autre pleine de fruits & de fleurs.

4. Libre Arbitre.

Chacun ſe fait fête d'un titre,
Qui n'eſt quelquefois que du vent :
Le titre le plus beau, le meilleur, le plus grand,
C'eſt d'être indépendant, d'avoir ſon franc arbitre.

Il eſt depeint par un jeune Homme vêtu en Roy, d'un habit de diverſes couleurs, ayant une Couronne d'or, & un Sceptre en main, au deſſus duquel eſt la Lettre Y.

5. Logique.

Sans moy les plus ſçavans n'ont qu'un leger ſçavoir,
A mille queſtions je ſuis prompte à répondre,
Je prouve que le blanc eſt noir,
Et ce n'eſt que par moy que l'on me peut confondre.

Elle nous eſt répréſentée par une jeune Femme, qui a les cheveux épars, pour montrer qu'elle ſe neglige, afin de s'adonner à la ſçience. Elle tient un bouquet de fleurs en la main droite, avec ce mot au deſſus, *Verum & Falſum* : De la main gauche elle tient un Serpent, qui nous répréſente que la Prudence avec l'Etude, nous découvre la verité & étouffe le Menſonge.

6. Loüange.

On me profane à tous, tant le ſiecle eſt étrange,
Rien n'eſt plus commun que l'encens,
Et rien de plus rare en ce temps,
Que la veritable Loüange.

Elle n'eſt pas mal répréſentée par la beauté de cette Femme, jointe à la propreté de ſa Robe blanche, portant ſur le ſein un Joyau de jaſpe luiſant & de couleur verte, à la tête une guirlande de roſes, en la main droite une Trompette dont elle ſonne ; Et de la main gauche qu'elle tend, elle ſemble faire ſigne, & montrer quelque Perſonne en particulier : Ce qui denote parfaitement que la Beauté eſt ordinairement loüée. Son Habillement répréſente la pureté ; La Pierre qu'elle porte, en eſt un ſymbole, & ſa Trompette la ſplendeur.

7. Le Printemps.

De toutes les ſaiſons je ſuis la plus charmante :
Dés que je reprends mes attraits,
La Nature devient brillante,
Et plus aimable que jamais.

La ſaiſon la plus belle de toute l'Année nous eſt bien répréſentée par cette Femme jeune & belle, portant une Guirlande de fleurs pour Couronne, tenant deux bouquets de diverſes fleurs ; ce qui montre le renouvellement de toutes les Plantes.

8. L'Eſté.

Si le brillant Phœbus ſe rendoit plus traitable,
Et qu'on pût adoucir l'effet de ſes Sayſons,
Cette ſaiſon ſeroit incomparable,
Par le fruit que l'on doit tirer de ſes moiſſons.

Il ne peut être mieux dépeint, que par une jeune Fille couronnée d'Epys, vêtuë de jaune, qui nous répréſente la Moiſſon. Elle tient une Torche allumée jointe à ſa jeuneſſe, pour répréſenter le Soleil & l'Année dans ſa force.

9. L'Automne.

Le brillant du Printemps n'a rien de comparable
Aux richesses que je produis:
Il a des fleurs, & j'ai des fruits:
On preféré toûjours l'utile à l'agreable.

C'est sous la figure d'une Femme, que l'Embonpoint & son superbe habillement rendent remarquable, parce qu'ils montrent que c'est la plus riche Saison de l'Année. Elle est couronnée d'une Guirlande de Pampre, & tient de la main droite un gros Raisin, & de la gauche une Corne d'Abondance pleine de fruits.

10. L'Hyver.

La disette, le froid, la neige, les glaçons,
Sont de cette Saison le plus bel appanage,
Mais quand on est fourré, dans de chaudes maisons,
Il me paroit qu'on peut se moquer de l'orage.

Quoy que l'Hyver soit encore réprésenté ailleurs, je vous diray que ce temps de frimats se passe souvent parmy les Gens de condition sans en recevoir d'incommodité. C'est pourquoy elle est icy réprésentée par une Femme qui mange d'un paté proche d'un bon feu.

11. Le Vent d'Orient.

Je viens de ces heureux climats,
Où nait tous les matins l'Aurore;
Si les fleurs naissent sous mes pas,
C'est que je suis ami de Flore.

Il nous est réprésenté par un jeune More, à cause de la proximité des Ethiopiens qui sont au Levant. Il a des ailes au dos & aux pieds, Symbole de la legereté. Un Soleil levant paroit derriere luy, comme pour nous prognostiquer de la pluye. Il marche sur des Nuages, ayant aux mains diverses fleurs qu'il parseme où il passe.

12. Le Vent d'Occident.

Quoy que sorti du fond de l'eau,
Où Phœbus tous les soirs va trouver son tombeau;
Les fleurs font tous mes soins, je leur donne la vie,
Et le Cigne sans moy seroit sans melodie.

On nous le depeint, comme le precedent, avec des Ailes au dos & des Talonnieres, pour marquer sa vitesse. L'on tient que la force de son haleine produit des fleurs, & fait que les Cignes en ont le chant plus doux.

13. Le Vent de Midy.

Je serois importun, si je souflois sans cesse,
Quoy qu'il en soit pourtant, je donne au Laboureur,
La pluye qu'il souhaite avec que tant d'ardeur,
Aprés une incommode & longue sécheresse.

Communement il est réprésenté par un Homme robuste, tenant un Arrosoir de la main droite, pour montrer son inclination à la pluye. Il a les joües enflées, pour faire sa force & sa violence. Il a aussi des Ailes au dos.

14. Le Vent de Bize ou de Nord.

Je me vais peindre ici d'un seul coup de pinceau,
Je suis un air petry de frimats & de glace.
Je fais faire laide grimace,
A qui tente à me voir le nez hors du manteau.

Il est réprésenté par un Homme d'âge couché sur des nuages obscurs, & sur des Frimats, pour montrer que ce vent est ordinairement froid & sec: Mais souvent il est moderé à son passage de la Zone torride, & couvre l'air de Nuages, & se convertit en pluye.

15. Le Solstice d'Esté.

Dez que je touche à certein point,
Dans le plus fort de ma carriere,

R

1
MANSVETVDE
2
MARIAGE
3
MATHEMATIQVE
4
MEDITATION
5
MEDECINE
6
MEMOIRE
7
MEMOIRE DES
8
MERITE
9
MESVRE
10
METAPHISIQVE
11
MISERICORDE
12
MODESTIE
13
MORT
14
MVSIQVE
15
MELPOMENE

Il faut que je tourne en arriere,
Le Soleil ne s'arrete point.

L'on ne peut mieux le répréſenter que par la Figure d'un Homme dans la force de ſon âge, couvert ſeulement d'une Echarpe couleur de pourpre ; Symbole joint avec ſa nudité, de l'exceſſive chaleur. Il eſt en action de rébrouſſer en arriere, à cauſe que le Soleil ne s'arrête point : Mais lors qu'il à touché le cercle Equinoctial, il recule. Il porte ſur ſa tête un cercle de bleu Turquin, où ſe voyent neuf Etoiles ; lequel eſt nommé communement le Tropique du Cancer. Il tient de la main gauche un Globe qui eſt obſcur par en bas, & de la gauche une Ecreviſſe, & aux pieds quatre Ailes, deux blanches & deux noires.

1. Manſuetude.

Veux-tu charmer tous les Mortels,
Leur être agreable, leur plaire,
Et t'attirer par tout des honneurs immortels ?
Sois doux, affable, & débonnaire.

Elle nous eſt répréſentée par une Femme d'une âge avancé, qui doit avoir moderé ſes paſſions. Elle poſe ſa main droite ſur un Elephant, ſymbole de la moderation. Elle porte une Couronne d'Olivier qui eſt le prix de cette vertu.

2. Mariage.

Informez-vous des mœurs plus que de la richeſſe,
Si dans le nœud d'Hymen vous cherchez le repos.
Qu'a-t-il ? Qu'a-t-elle ? *ſont deux mots,*
Qui n'ont jamais produit ni douceur, ni tendreſſe.

Il nous eſt répréſenté par une Femme ſuperbement vétuë, ayant un joug ſur le col, pour montrer que c'eſt un fardeau que l'Homme s'impoſe pour ſe ſoûmettre aux caprices d'une Femme. Auſſi luy fait-on porter une Entrave au pied, marque d'Eſclavage. Elle foule aux pieds une vipere, pour marquer qu'il faut fuir les Voluptez brutales de cét Animal qui tue le Serpent dans ſes embraſſemens.

3. Mathematique.

Il n'eſt point d'Art égal au mien,
Ce que j'ay demontré nul ne le peut combatre :
Je prouve, & je prouve ſi bien,
Qu'en douteroit plûtôt que deux & deux ſont quatre.

Cette Science nous eſt répréſentée par une Femme qui a une Robbe tranſparente, qui fait voir que ſes Demonſtrations ſont ſi claires, qu'on ne les ſçauroit contredire. Elle porte des ailes à ſa tête, pour marquer que ſon Eſprit s'éleve aux choſes celeſtes. Le Compas dont elle trace diverſes figures, dénote qu'elle ne fait rien à la volée : Le Globe qu'elle tient d'une main, comprenant le cercle & une deſcription de la Terre, fait voir que nous n'avons aucune connoiſſance certaine des dimenſions de l'un ni de l'autre, qui ne ſoit fondée ſur la raiſon Mathematique.

4. Meditation.

Veux tu que ta lecture à coup seur te profite?
Rumine sur l'heure & medite.
Beaucoup lisent sans réflechir,
Mais cela ne fait que blanchir.

On la peint d'un âge meur, & d'un visage modeste ; qualitez requises à sa profession. Elle est assise tenant un Livre fermé, avec un air pensif, pour montrer qu'elle reflêchit sur ce qu'elle vient de lire, afin de discerner ce qui luy est profitable.

5. Medecine.

Je ne sçai sur quoi l'on se fonde,
Mais je sers de joüet tant aux Petits, qu'aux Grands:
Cependant admirez la folie des gens:
Du moment que l'on a le moindre mal du monde,
On veut de mes Ingrediens.

La Medecine est répréséntée par une Femme âgée, peut-être pour s'accommoder au Proverbe qui dit, *Vieux Medecin & Jeune Apotiquaire.* Son Talent doit être de connoître les Maladies & les moyens de les guerir. L'on la couronne de Laurier, Arbre qui sert à diverses maladies. Elle tient en la main un Coq, & en la gauche un bâton noüeux, environné d'un Serpent, pour marquer qu'en cét Art il faut beaucoup de vigilence.

6. Memoire.

L'on ne se souvient que du mal,
L'ingratitude regne au monde.
L'injure se grave en métal,
Et le bien fait s'écrit sur l'onde.

Ce n'est pas sans raison, qu'on luy donne icy deux Visages, parce que c'est un don particulier de la Nature : Elle est vétuë d'une robe noire, couleur qui a le plus de durée : Elle porte d'une main un Livre, & de l'autre une Plume, pour montrer que la Memoire se perfectionne par l'Ecriture & par la Lecture.

7. Memoire des Bienfaits receus.

Un cœur généreux & bien fait,
Croit que la Gratitude est la vertu supréme:
Il s'oublîroit plûtôt luy-même,
Que d'oublier un seul bienfait.

Elle est répréséntée par une Fille agreable, portant une Couronne de Genévre, Plante qui ne viellit point & ne se pourrit jamais ; Ses feuilles ne tombent pas non plus; Et pour troisiéme proprieté, ses grains étant distilez, fortifient la Memoire. Elle a à ses côtez un Lion & un Aigle, Animaux ennemis de l'Ingratitude. Le clou qu'elle tient, marque qu'une ame bien née enfonce un bienfait reçeu, dans sa Memoire, aussi avant qu'on peut enfoncer un grand clou dans du bois.

8. Merite.

Tout est aujourd'hui corrompu,
On ne connoit plus la vertu,
On ne donne rien au merite,
Pas la Charge la plus petite.

L'on le répréséntе par un Homme richement vestu, qui se tient debout sur la pointe d'un Rocher, & qui a une Couronne de Laurier sur la teste, l'un des bras armé & l'autre nud, & qui tient un Livre & un Sçeptre.

9. Mesure.

L'Ouvrage que l'on fait sans poids & sans mesure,
N'est pas un Ouvrage qui dure.

Cette Femme ingenieuse ne se fait pas

pas moins remarquer par son habillement modeste, que par sa bonne mine. Elle a en sa main droite la mesure d'un pied Romain, & la gauche l'équierre & le compas, sous les pieds le carre Geometrique, & à côté de sa Robe le niveau avec son Plomb.

10. Metaphysique.

Je ne m'occupe point des objets temporels,
Comme font la plûpart des aveugles Mortels.
Je laisse ces objets frivoles & funestes,
Pour en contempler de réels,
Je veus parler des biens & des objets celestes.

On la represente par une Femme qui a les yeux bandez, pour marquer qu'elle ferme les yeux à tous les objets qui attirent les Créatures aprés la vanité de la Terre. La Couronne & le Sçeptre qu'elle porte, montre qu'elle est la Reyne des Sçiences qui s'acquierent par la Lumiere naturelle. L'Horloge & le Globe qui sont à les pieds, font voir qu'elle méprise tout ce qui est sujet aux Révolutions.

11. Misericorde.

Je tiens les bras ouverts pour marquer ma Clemenee,
Et la pitié que j'ay pour les maux qu'on ressent;
Je fais du bien à tous sans faire difference
Entre le Petit, & le Grand.

Nous la depeignons par une Femme qui à le teint extrémement blanc, le nez un peu aquilin; Phisionomie de la Misericorde. Elle a sur sa tête une Guirlande d'Olivier. Elle a les bras ouverts, comme pour les étendre aux affligez: dans sa main droite elle tient un rameau de cedre, à ses pieds est une corneille; Hyerogliphe de la Compassion.

12. Modestie.

Les femmes, non plus que les Hommes
Ne me connoissent point dans le siecle où nous sommes.
Chez les uns plus de point d'honneur;
Chez les autres plus de pudeur.

C'est une Vierge qui nous la represente qui est vetuë de blanc, symbole de l'Innocence. Elle est coiffée d'un simple couvrechef, ayant une ceinture d'or, pour marquer qu'elle à enchainé toutes les Passions déréglées. Elle baisse la veuë, & tient de la main droite un Sçeptre mysterieux avec un œil au dessus.

13. Mort.

La Mort d'un coup fatal toutes choses moissonne:
Et l'Arret souverain
Qui veut que sa rigueur ne connoisse personne,
Est écrit en airain.

Comme on y arrive par divers moyens, aussi la depeint-on de diverses manieres. Celle-cy est representée par un squelete, couvert d'un riche manteau de brocard; dautant qu'avéc la même main dont elle depouille les Grands de leurs biens, elle guerit les Pauvres de leurs maux. Elle est déguisée d'un beau Masque, parce qu'elle ne se montre pas à tous avec un même visage.

14. Musique.

Je chasse la Melancolie,
Et calme la douleur des maux les plus aigus.
Les effets de l'Harmonie
Aprochent de ceux de Bacchus.

Cette Figure n'a pas besoin d'explication pour être enterduë, c'est une

Femme qui regarde fixement un Livre ouvert qu'elle tient d'une main, & une Plume pour corriger sa Tablature, ayant pour cét effet à ses pieds un Luth, une viole & des Flutes pour en accorder l'Harmonie avec celle de sa voix.

15. Melpomene.

Je porte d'une main les Ornemens Royaux,
Et de l'autre un Poignard : Mais en voicy la cause.
La chute des Cesars, des Rois, & des Héros,
Est le triste sujet que Ma Lire m'impose.

Cette neuviéme Muse est d'un maintien grave, parceque le sujet de la Tragedie le requiert. Elle est richement vetuë; tenant de la main gauche, des Couronnes & des Sçeptres joints ensemble, & de la droite un Poignard suivant quelques uns. C'est elle qui a inventé la Tragedie & la Musique.

1. Nature.

De cent Etres divers les formes differentes
Sont comme autant d'habits dont je change toûjours.
La matiere est toûjours constante,
Mais la forme perit, quand elle a fait son cours.

C'Est une Femme nuë qui nous la represente. Car comme le Principe d'Aristote se divise en actif & en passif, dont l'un est appellé Forme, & l'autre Matiére; l'Actif est exprimé par les mammelles de cette Femme, pleines de lait, ce qui fait former la matiére. Le Passif se represente par le vautour qu'elle tient sur sa main, oiseau fort glouton, étant certain que par la matiere qui s'émeut & s'altere; sont détrutes peu à peu toutes les choses coruptibles.

2. Necessité.

Je ne reconnois point de Loy,
Je suis moy même une Loy souveraine;
Je gouverne ou plutôt j'en traîne
Tous ceux qui dépendent de moy.

La Necessité n'a point de Loy, Elle n'a point de conseil à prendre, il faut avaller la pillule, & voicy son veritable portrait. C'est une Femme maigre qui tient de la main droite un marteau, & de la gauche une poignée de cloux; cela representant qu'il n'y a plus de remede lors que le clou est enfoncé. Il y a diverses sortes de necessité; L'on dit par exemple, en Proverbe, *la Necessité chasse le Loup du Bois.* Le mot de necessité s'aplique aussi à la pauvreté & à l'indigence qui donne la géne à l'esprit, & fait souvent revivre les Arts assoupis.

4. Noblesse.

La Noblesse est sans doute un bien tres precieux,
Ce n'est pas le sang qui la donne:
Ne l'attens pas du rang qu'ont tenu tes Ayeux,
Il faut payer de ta personne.

On la trouve representée en diverses manieres, tenant l'image de Minerue d'une main, & une lance de l'autre, vétuë d'une robe l'ongue avec deux Couronnes en bas. Il y en a qui la representent aussi avec une Etoile sur la tête, tenant un Sçeptre en main, pour donner à connôtre que la veritable noblesse naist de la vertu d'un Courage illustre.

4. Noncha-

38
1
NATVRE
2
NECESSITE
3
NOBLESSE
4
NONCHALANCE
5
OBEISSANCE
6
OEVVRE MANIFESTE
7
OEVVRE PARFAITE
8
ORAISON
9
ORIGINE D'AMOVR
10
OVBLY D'AMOVR
11
OCASION
12
OFFENCE
13
OPINION
14
ORGVEIL
15
OBSTINATION

4. Nonchalance.

Ah! que je hais la peine & l'embaras!
faut changer de place, ah! quel cruel martyre!
J'aime d'avoir la tête entre mes bras,
Mais j'ai de la peine à le dire.

Elle est peinte en Femme échevelée mal vetuë, couchée par terre où elle ort, appuyée sur l'un de ses bras, & enant de l'autre main une Horloge renversée, qui monrte que le Temps perdu e se peut récouvrer : ses autres équipaes font voir la faineantise & la font népriser d'un chacun.

5. Obeïssance.

Obeir à Dieu c'est regner ;
me soumets à sa toute puissance,
Et je ne veux rien épargner
Pour lui marquer ma promte obeïssance.

Cette Vierge vétue en Religieuse avec n visage modeste, tenant de la main auche un Crucifix, & de la droite un oug avec ce mot *Suave*, est un ray Modéle de cette Vertu qui n'a rien e revêche, portant son joug avec un œur content. On la represente encore ar une Femme vêtue de blanc, portnt une Croix, & qui tourne ses yeux erz les Cieux, d'où réjalissent plusieurs ayons.

6. Oeuvres Manifestes.

Une bonne action se fait toûjours connoître,
Quoy qu'avec soin elle evite le bruit;
i l'homme ingrat n'en reconnoît le fruit,
Il faut l'attendre du Grand Maître.

Elle nous est representée par une emme qui a les deux mains ouvertes ur chacune des quelles est un œil, qui ous enseigne qu'il ne faut point mettre a main à l'œuvre pour la vaine gloire u ostentation, mais pour se faire du bien & à son Prochain, & jamais pour nuire.

7. Oeuvres Parfaites.

On ne fait jamais rien de parfait ni de beau,
Si de la Loy de Dieu l'on ne suit le niveau,

C'est une Femme qui nous la represente, tenant de sa main droite un miroir, qui rend les choses aussi parfaites à la veuë, que vous les luy exposez: Elle tient de l'autre main un Compas, & une Régle, Instrument sans lequel un Mathematicien ne peut rien faire de bien régulier.

8. Oraison.

La Priere du Juste est de grand efficace;
Elle obtient du Seigneur, le secours & la grace.

Voicy comme les Anciens nous la représentent. C'est une Femme d'un âge avancé qui est le plus propre à la Priere. Elle est vêtuë de blanc, symbole de pureté; Elle a les yeux vers le ciel, pour montrer que son cœur s'y porte. Elle est à genoux avec un Encensoir, pour marquer la Reverence qu'elle a pour Dieu.

9. Origine d'Amour.

On void d'une Beauté les charmantes douceurs;
On en contemple tous les charmes;
On s'y brule, on lui rend les Armes,
C'est ainsi que l'Amour s'allume dans nos cœurs.

Pour peindre cette Passion, je crois qu'il faudroit representer le premier jour que le soleil a luy sur la Terre: mais le Poite se contente de nous la representer par une jeune Beauté qui tient d'une main un Miroir rond qu'elle oppose aux Rayons du Soleil dont la reflection allume un Flam-

Flambeau qu'elle porte en l'autre main : Et au dessous du Miroir se voit un Rouleau où sont écrites ces paroles.

C'est ainsi que l'amour s'allume dans nos cœurs.

10. Oubly d'Amour.

Amour est un Enfant volage,
Il paroist, il ne paroist plus,
On fait pour l'arrêter des efforts superflus,
On ne le void qu'au printems de notre âge,
Car c'est un Oiseau de passage.

On le represente par un Enfant couronné de pavots, Plante qui provoque le sommeil. Il a des ailes, pour faire voir qu'il est volage lors qu'on le fâche. Il est endormy, pour montrer que les Amans n'ont pas plûtôt oublié l'object aimé, que les fonctions de leur ame semblent entierement assoupies. Il a rompu son Arc & ses fléches, pour montrer, qu'il n'a plus rien à combattre : Et il est couché proche de la Fontaine de Cysique, qui a la vertu de faire oublier cette passion lors que l'on boit de son eau.

11. Occasion.

L'Occasion passe comme le vent :
A la Guerre, en amour, il faut la savoir prendre :
Tout est sur le point de se rendre,
Si l'on sait profiter de cet heureux moment.

C'est une Femme nuë qui tient un voile à la main ; symbole de l'Occasion. Elle est chauve par derriére, & chevelue par devant, afin que nous l'empoignions quand elle se presente. Elle a un pied en l'air, & l'autre sur une rouë, pour montrer sa legereté. Elle porte un rasoir en main, pour nous aprendre que quand elle vient à nous, il faut retrancher tous les obstacles qui nous pe vent empêcher de la suivre.

12. Offense.

Tel nous pense blesser, qui se blesse lui mêm
Tel homme veut piquer autrui,
Dont le trait rejaillit sur lui,
Tu le peus voir dans cet Emblême.

La voicy representée par une lai Femme qui a sa Robe toute semée c Langues & de Razoirs, armes d'in quité pour nuire à autruy, outre qu'el est en action de tirer un mousquet., qu'à ses pieds se voit un chien qui attaqu un Porc Epic ; Symbole du Proverbe que *Tel pense blesser, qui se blesse s même.*

13. Opinion.

Un jeune Audacieux plein de faste au de dans,
Croit d'atraper la Lune avec les dent

Elle est representée par une Femm assez bien vêtuë, ni belle ni laide, pa roissant audacieuse, & préte à s'empor ter à tout ce qu'elle s'imagine. C'es pourquoy on la peint avec des ailes a dos & aux mains.

14. Orgueil.

Sous ces lambeaux peut on voir tant d'orgueil ?
Voilà le fruit de la jeunesse,
Mais laissez venir la vieillesse,
Il y trouvera son cercueil.

Cette jeune Fille dont la Robe est déchirée, qui tient un Paon d'une main & un Globe sous ses pieds ; fait voir le comble de son orgueil, dont le Paon est le hieroglyphe : Et par le Globe, elle fait voir qu'elle bafouë tout le monde par son humeur altiere.

15. Obstina-

1
PAIX
2
PARSIMONIE
3
PASSION D'AMOVR
4
PATIENCE
5
PAVVRETE
6
PECHE
7
PENITENCE
8
PERIL
9
PERSPECTIVE
10
PERFECTION
11
PERSVASION
12
PIETE
13
PREEMINENCE DE RANG
14
PREDESTINATION
15
PLAISIR OV VOLVPTE

16. Obstination.

Ni force, ni raison, ni conseils charitables,
Rien ne peut ramener un esprit obstiné,
C'est un malade abandonné,
Il faut le mettre aux incurables.

Elle est vêtue d'une Robe noire, environnée de branches de Lierre, pour denoter que l'Homme obetiné n'est non plus susceptible de la verité, que le Noir d'aucune couleur, & qu'il s'attache à ses Opinions, comme la lierre à la muraille. Elle a des brouillare qui l'environnent, & porte en ses mains une tête d'Asne, Embléme de l'Ignorence.

1. Paix.

La Paix de tous les biens est le plus estimable,
Chacun le sent, Chacun le dit
Mais si ce bien n'est pas durable,
C'est un Grand mal sans coutredit.

Elle nous est representée par une Femme agréable, qui a sur sa tête une Guirlande d'olivier, Symbole de la Paix. Elle tient d'une main une corne d'Abondance, & de l'autre des Epys, pour representer les delices des Peuples. Il s'est tant fait de representations sur la Paix, que je laisse à un chacun la liberté de faire la sienne.

2. Parsigmonie ou Epargne.

Fuyes en tout l'extremité,
I'ai de l'horreur pour l'Avarice,
Ie hais la Prodigalité
Et tiens l'heureux milieu entre ce double vice.

C'est une Femme d'un âge capable de raison, & modestement vêtuë, pour faire voir qu'elle est ennemie de la dépense superfluë. Elle tient de la main droite un compas, pour montrer l'ordre & la mesure qu'il faut tenir en toutes choses de la main gauche elle tient une bourse fermée où l'on lit ces paroles, *Elle la garde pour le mieux*, pour denoter qu'il y a plus d'honneur à conserver qu'à acquerir.

3. Passion d'amour.

Comme une autres Circé par mes enchantemens,
Ie fais d'étranges changémens.
Autre fois en Porceaux elle changea des hommes,
Ie le fais tous les jours dans le siecle ou nous sommes.

On nous la represente par une Femme tenant une baguette à la main, pour marquer qu'elle est capable de transformer les hommes en bestes, témoins les compagnons d'Ulisse : de l'autre main elle tient une coupe dont ceux qui en boivent deviennent si assujettis à son empire par le goust qu'ils prennent à ses delices, & à vivre de ses appas dangereux, qu'ils en deviennent aveugles & sans raison comme le bestes que l'on voit à ses pieds.

4. Patience.

Lors qu'on me pousse à bout je me change en fureur,
Mais pour l'ordinaire j'endure,
Sans pousser le moindre murmure,
Les plus cuisans travaux, la plus vive douleur.

Cette pauvre Femme chargée d'un pesant joug sur les épaules, ayant les mains jointes, & marchant sur des épines, signifie la Patience qui ne peut être mieux definie que par une invincible vertu qu'on témoigne à supporter les douleurs du corps & les travaux de l'esprit, qui sont figurez par les Epines.

5. Pauvreté.

De toutes les Vertus je suis la moins cherie,
Peu de gens icy bas me dressent des Autels:
Heureuse toute fois l'ame que j'ai guerie,
De cette Avidité qui damne les Mortels.

La Pauvreté & figurée par une Femme mal vêtuë qui a la main droite attachée à une pierre pesante, & en la gauche des ailerons ouverts comme pour l'attirer en haut, ne represente pas seulement

ment des choses necessaires à la vie, mais encore celles qui sont necessaires pour l'acquisition des vertus, d'où vient que souvent les meilleurs Esprits demeurent ensevelis dans la bouë.

6. Peché.

Ie suis encor plus effroyable,
Que je ne parois à vos yeux
On ne peut concevoit rien de plus odieux,
Ni rien de plus abominables.

Cet Ennemy de l'Ame, est representé par un Homme effroyable à voir, étant nud & aveugle, & ayant sur la tête des couleuvres au lieu de cheveux, à son côté gauche un ver qui luy ronge le cœur de la conssience, qui ne meurt point. Aumilieu du corps il a deux serpens qui le tiennent étroitement serré. Il semble marcher par des rochers prets à crouler suivant ses demerites.

7. Penitence.

Que je sers lachement mon divin Redempteur!
Je sens qu'à tout moment je peche & je l'offense,
Mais comme il faut pourtant s'attirer sa faveur,
Ie confesse mon crime; & je suis penitence.

La voicy figurée par une Femme extremer maigre & melancolique qui maniseste sa contrition par son visage blesme, & qui fait paroitre sa Confession par la fixation de ses yeux vers le ciel d'où elle espere son pardon. Elle est mal vêtuë tenant une Discipline en une main, un poisson en l'autre, ayant un Gril à son côté, & une croix devant elle.

8. Peril.

Le destin d'un mortel est peu digne d'envie,
Il nait dans les dangers, il y passe sa vie,
Ses plaisirs les plus doux sont ses fleurs du Printems,
Qui cachent souvent des serpens.

Tout le monde convient, que les Dangers de la vié sont grands: Mais celuy de ce jeune Homme est extraordinare. Il sevoit sur les fleurs qu'il foule aux pieds; dans le même temps il se tourne & se voit menacé d'un peril inévitable. Il marche sur un serpent qui luy mord la jambe par derriere. S'il veut aller plus avant, il voit un precipice devant luy, & de l'autre un furieux Torrent qui l'épouvante. dans cette facheuse extremité il n'a pour tout appuy qu'un foible roseau qui montre la fragilité de nôtre vie.

9. Perspective.

Quoi que mon Art soit tout Physique,
Comme cela paroit à des yeux clair voyans,
Le vulgaire y soubçonne une vertu Magique:
Tout est sur naturés aux yeux des ignorans.

C'est une Dame extremement belle & qui porte au col une chaine d'or, où pend un œ'il: au lieu de joyau Elle tient de la main droite une régle un équierre, un plomb, un miroir; & de l'autre deux Livres qui ont pour titre Ptesomée & vitellion. Le miroir qu'elle porte, demontre qu'elle tire son sçavoir de la veuë qui fait voir ce que l'Esprit ne peut comprendre sans cette belle sçience.

10. Perfection.

Personne n'est parfait, la chose est impossible,
Ce n'est qu'en l'autre vie, ou l'on peut etre tel;
Je suis cette Ile inaccessible,
Où n'aborde jamais aucun homme mortel.

Sa figure est celle d'une belle Dame vêtuë de Gaze d'or qui a le sein découvert, & le corps dans le zodiaque. Pour étre plus libre en son Action, elle a les bras rétroussez jusqu'au coude, & fait un cercle entier avec un compas qui est le symbole de la Perfection. Si elle découvre sa gorge, c'est pour montrer ce degré de perfection de pouvoir nourrir autruy.

11. Persuasion.

J'ai le secret par mes caresses,
Par mes precautions, même par des adresses
Dont je me sers quand il est tems,
D'enchainer à coup seur tous ceux que j'entreprens.

Voicy.

1
PERSEVERANCE
2
PHILOSOPHIE
3
POESIE
4
PRATIQUE
5
PRELATVRE
6
PREVOYANCE
7
PRIX
8
PRVDENCE
9
PVDICITE
10
RAISON
11
RAISON D'ESTAT
12
REBELLION
13
RECONCILIATION D'AMOVR
14
RELIGION
15
REFORMATION

Voicy une Figure que vous trouverez bizarre, voyant une Femme liée avec des cordes d'or. Elle est habillée modestement; mais elle a une coiffure étrange; où est attachée une Langue, Symbole de la Persuasion. Il y a aussi un œil, qui est une fenêtre par-où l'Ame voit ce que la langue a prononcé Elle tient dans ses mains une corde d'or, à laquelle est attaché un Animal, à 3 têtes, à savoir d'un chien, d'un chat & d'un singe. Cela signifie que trois choses sont necessaires à celuy qui veut persuader, le chien par ses caresses, le Singe par ses ruses, & le chat par son attention.

12. Pieté.

Celui dont je suis le partage.
Se peut dire heureux an tout sens,
Il possede les biens presens,
Et le Ciel est, son heritage.

Cet Embleme est representé dans les anciennes Medailles par une tres-belle Femme qui a le teint fort blanc, & des flammes au lieu de Cheveux, pour montrer que lors que l'on s'exerce à la Pieté l'esprit s'embrase de l'Amour de Dieu. Elle a des Ailes au dos, representententent la vitesse de cette vertu par dessus toutes les autres. La main gauche qu'elle tient sur son cœur, marque que le l'Homme doüé de cette vertu, donne sans affectation des preuves de sa Charité: En sa droite est une Corne d'Abondance, d'où tombent diverses choses servant à la vie humaine. Son Habillement est rouge.

13. Préeminence de rang.

Le Merite qui vient uniquement du sang
N'est qu'un Merite imaginaire:
C'est la Vertu qui fait le rang,
Tout le reste n'est que chimere.

Elle nous est démontrée par une Femme majestuense, qui a sur sa tête l'Oiseau qu'on appelle le Roitelet, & qui de la main droite s'oppose aux efforts d'un Aigle, afin de l'empêcher qu'il ne s'élance en haut pour ôter à son Rival la place qu'il a prise.

14. Predestination.

Je suis un Mystere profond,
Où l'esprit humain se confond:
Mais scais-tu ce qu'il faut sçavoir de ce Mystere
L'adorer, le croire, & bien faire.

Il n'est point de beauté comparable à cette Vierge; qui n'a pour cacher sa nudite qu'un voile d'argent, qui est un mystere caché non seulement aux Hommes, mais aux Anges & à l'Eglise même. Elle a les yeux tournez vers le Ciel pour marcher sur les Voyes de Dieu. Sa main droite est sur son sein: Et de la gauche elle tient une Hermine, Animal qui represente la pureté, aimant mieux mourir que de se saillir.

15. Plaisir.

Fui le plaisir le plus charmant,
C'est une Sirene traitresse,
Qui te berce agreablement,
Pour t'endormir dans la molesse.

Il est representé par une Garçon qui a les cheveux frisez & parfumez, avec une Guirlande de myrthe, enrichie de Perles, marque de la sivefeté, de molesse & de mœurs effeminées. Il a le Corps à demy nud, & des ailes au dos pour marquer que rien ne s'evanouit tans que la volupté. Il joüe de la Harpe pour plairre à Venus. Il a des Brodequins d'or pour montrer le mépris qu'il fait de ce metal, afin d'assouvir ses appetits dereglez. La Syrene qui est à ses pieds, fait voir que comme les Mariniers qui se laissent aller à la douceur de son chant, sont perdus; de même nôtre jeune Garçon se ruine lors qu'il se laisse aller aux apas des Plaisirs

1. Perseverance.

Scais tu ce que c'est qu'un Chretien?
C'est un Homme que fait le bien
Et qui perseverant jamais ne se relâche;
Qu'il n'ait veu la fin de sa tâche.

ON la peint en jeune Pallas tenant d'une main une méche qui brule jus-

jusqu'au bout, & de l'autre un serpent qui se mord la queüe. Elle est encore representée ailleurs par un Enfant élevé en l'air qui se tient d'un main à une brache de Palme, pour montrer que la vertu n'est jamais si forte que lors qu'il est question de resister au vice.

2. Philosophie.

Quoy qu'on m'ait dressé des Autels
Chez cent Peuples divers, même dans tous les Ages,
Le plus Grand Nombre des Mortels
Sont éclairez sans être Sages.

Elle est icy dépeinte en Femme majestueuse avec un habillement ambigu, comme pour s'élever ou pour s'abaisser. Elle tient un Septre d'une main, & un Livre de l'autre pour montrer que les Hommes de haute naissance ne doivent point negliger cette mere des Arts Liberiaux, cette Maitresse des bonnes mœurs cette Régle de la vie, cette source de tous biens, & ce Guide des Ames vertueux, puis qu'Elle pénétre jusques dans les lieux les plus mysterieux.

3. Poësie.

J'immortalise la memoire
Des Grands, des Conquerans, des Princes & des Rois,
Mes nourrissons pourtant, poura-t-on bien le croire,
Ont peri de misere & de faim quelque fois.

Rien n'excede la beauté de cette Déesse. Elle est peinte jeune, parce qu'il n'y a point d'Homme qui ne soit charmé de sa douceur : Elle est Couronné de Laurier. Les mameles nuës, & de même que si elles étoient pleines de lait, signifient l'abondance de ses pensées. Elle a une Robe de couleur celeste semée d'étoiles, symbole de la Divinité. Elle tient de la main gauche une Lyre, & en la droite une maniére de Hautb[ois] pour signifier la Genre Lyrique & [le] Pastoral.

4. Pratique.

Tout le monde connoit le bien,
L'Evangile en ce point s'explique sans nuage,
Mais la Theorie n'est rien,
Il faut la Pratique & l'usage.

L'on la peint icy vielle, la tête pen[]chée en bas, regardant cette partie d[e] l'Univers que l'on foule aux pieds, [à] quoy est sujete la Viellesse qui s'assuje[]tit aisement à une Pratique usitée, étan[t] ennemie de la Theorie: Elle a en un[e] main un Compas qui est le Symbole d[e] la Raison. Elle tient la pointe en bas & la Theorie en haut pour montrer que les Régles sont du ciel, & les autres de la Terre, & par consequent sujette[s] à varier.

5. Prélature.

Vous qui nous conduisés, & qui guidez nos pas,
Marchez, & Vivez en Apôtres,
Vos defauts, illustres Prelats,
Se Voyent plûtôt que les Nôtres.

C'est des Egyptiens que nous tenons cét Hieroglyphe d'un Homme âgé tenant de la main droite, une Horloge, symbole à régler les mouvemens d'autruy, pour montrer, Qu'un Prélat doit avoir une Conduite réglée, à cause que chacun l'observe: Il tient de la main gauche un Soleil éclipsé avec ces mors, *Non nisi cùm defecit Spectatorem habet*, pour signifier que le Soleil n'est regardé que lors qu'il s'éclipse : De même un Prélat qui se laisse obscurtir par quelque defaut, est regardé d'un œil de scandale.

6. Per[-]

6. Prevoyance.

Chacun ſcait par experience,
Qu'il eſt de certains, maux, qu'on peût prevenir,
On a manqué de prevoyance.
N'en manquons pas à l'avenir.

Cette Femme à deux têtes qui porte d'une main un Compas ouvert, ſemble vouloir meſurer les qualités & l'ordre des Temps, à cauſe de ſes deux têtes, dont l'une ſemble régarder le paſſé, & l'autre l'avenir : Elle a ſur l'autre main l'oiſeau de fauconnerie qu'on appelle Eſmerillon, vray Symbole de la Prévoyance.

7. Prix.

Aujourd'huy la Vertu n'eſt qu'un nom Chimerique,
On la regarde avec mépris,
Heureux pourtant qui la pratique,
Celui-là peut conter qu'il remporte un grand Prix.

Sa Figure eſt celle d'un Homme vétu de blanc avec une ceinture d'or, & demontre la verité ſuivie de la vertu. Il a une Palme de la main droite avec un Rameau de cheſne, & de la gauche une Guirlande, qui ſignifie que le Prix a deux parties principales, l'Honneur & l'Utilité.

8. Prudence.

Je conte pour rien la ſcience,
L'eſprit même le plus brillant,
Lors que l'eſprit eſt ſans Prudence
Et le ſçavoir ſans jugement.

Elle eſt repreſentée par une Femme à deux Viſages, qui a ſur ſa tête un Heaume doré, pour ſignifier que l'Homme prevoit l'avenir & evite les embuches. Elle eſt environnée d'une Guirlande de Meurier, pour montrer qu'une perſonne aviſée ne précipite jamais rien, afin d'executer avec Jugement. Elle a auprés d'elle, un Cerf, animal qui rumine. Elle tient en ſa main gauche, un Miroir pour montrer qu'il faut aprendre à ſe connoître; Et elle a en ſa main droite une Fléche avec un Remore, pour montrer qu'il y a de la prudence à faire du bien d'abord qu'on le peut.

9. Pudicité.

Femmes, mépriſons la beauté,
Qu'elle ne ſoit plus nôtre Idole
C'eſt un bien qui ſe perd, bien funeſte & frivole:
Nos traits les plus brillens, c'eſt la pudicité.

C'eſt une Fille vétue de blanc, qui marque ſes chaſtes intentions. Elle a ſur la tête, un voile, pour montrer qu'une honneſte Femme doit plûtôt cacher ſa beauté, que la faire voir. Elle tient en la main droite un lis Symbole de la Pudicité. Sous un ſes pieds elle foule une Tortuë, pour dire qu'une Femme ne doit point ſortir de deſſous ſon toit, non plus que cét animal.

10. Raiſon.

Conſultez moy dans vos affaires,
Tous mes avis ſont de ſaiſon,
Je ſuis un guide ſûr, on ne s'écarte gueres,
Quand on conſulte la raiſon.

Elle eſt repreſentée à peu prés comme Pallas, tenant de la main droite une Epée nuë, pour exterminer les Vices qui luy font la guerre. Son Heaume avec la couronne d'or, montre que l'avantage que ce Metal a ſur les autres, eſt comparé à la vertu qu'a la Raiſon ſur l'ame des Hommés. De la main gauche elle tient un Lion à qui elle a mis un frein, pour montrer ſon empire ſur les Paſſions : Eſt elle porte devant ſon eſto-

estomach une maniere de Plastron semé de Notes d'Arithmetique.

11. Raison d'Etat.

Dans une sage Republique,
Chez un habile Politique,
La souveraine Loy n'est que la politique;
Tout s'y fait par raison d'Etat.

On la peint par une Femme armée & aguerrie, pour montrer que celuy qui agit par les Raisons Politiques tient toutes les autres indifferentes. Elle a une Jupe verte semée d'yeux & d'oreilles, pour nous faire connoître qu'elle veut tout voir & oüir. La Baguette qu'elle tient de la main gauche, marque sa domination souueraine. Sa main droite est appuyée sur la tête d'un Lion, pour montrer qu'à l'exemple de ce superbe Animal les Grands ne tâchent qu'à se faire des sujets.

12. Rebellion.

On void bien à mon air que je hais l'esclavage,
Je l'haborre en mon cœur, & j'en fais vanité,
Et pour parler tout franc, j'enrage
Qu'on aime en général si peu la liberté.

Avoir la mine de ce jeune Homme, on connoit qu'il souffre avec peine l'Empire d'autruy, & que son Sang boüillant luy fait tout entreprendre. Il est armé d'un Corcelet & d'un javelot, pour montrer qu'il est toûjours en état d'attaquer ou de defendre. Il porte pour cimier la figure d'un Chat, Symbole quon portoit anciennement dans les Drapeaux pour marque de liberté. Il foule aux pieds un joug rompu.

13. Reconciliation d'Amour.

On se broüille aisément avec ce que l'on aime,
Mais que c'est un plaisir extreme,
Que celuy que goûte un Amant
Dans un tendre accommodement?

La voicy représentée sous la figure d'une jeune fille, qui porte à son col un beau saphir de couleur celeste, Symbole de Reconciliation, étant presenté, soit qu'il soit accepté ou refusé. Elle tient de la main droite une coupe, & de la gauche deux Amours qu'elle veut faire boire ensemble, leur recommandant de ne plus se broüiller, & d'abandonner pour cét effet la jalousie.

14. Religion.

Je suis veritablement Reyne,
Etant du Souverain la fille souveraine,
Ceux qui me servent toute fois
N'ont pour partage que des croix.

Elle est representée par une Femme voilée, parce qu'elle a toûjours eté secrete. De la main droite, elle tient du feu, de la gauche une croix & un Livre, Baniére de la veritable Relgion. Le Livre est celuy de la Ste. Ecriture par lequel elle s'établis dans les ame, & le feu est le symbole de la devotion, qu'elle y allume, à son côté est un Elephant le plus religieux de tous les Animaux.

15. Reformation.

Le profane a dit de tout temps
Que je suis un peu trop austere.
J'en conviens : mais je suis une prudente mere,
Qui sçait tenir bas ses enfans.

Elle est peinte en Femme vielle simplement véuë, & qui tient à la main droite une petite serpe, Instrumenr propre au jardinier pour couper les branches inutiles : Elle s'en sert de même pour retrancher les abus & les mauvaises cou-

1 REPENTANCE
2 RVMEVR
3 SANTE
4 SAPIENCE
5 SAPIENCE DIVINE
6 SAPIENCE HVMAINE
7 SCIENCE
8 SECRET
9 SEVRETE
10 SERVITVDE
11 SINCERITE
12 SOING
13 SORT OV DESTI
14 SPLENDEVR DE NOM
15 TEMPERANCE

coûtumes. Elle tient de la main gauche un Livre ouvert où se lisent ces paroles.

Que les Loix sans perir sont toûjours defenduës, Et par les Accidens ne sont jamais perdus.

1. Repentance.

Je sens mille remords, qui comme des épines,
Persent mon cœur à tous momens,
Je vois que j'ai peché, Seigneurs, je me repens,
Mais c'est par un effet de tes faveurs divines.

Ette Figure n'a pas besoin d'explication; puis que l'on sçait que la Couronne d'épines, le cilice & le cœur enflammé que porte le Pecheur repentant, sont autent de témoignages, de zele & de mortification volontaire : car le regret qu'il a d'avoir offensé son Createur, & le secret remords de la Consçience ne se font pas moins sentis à l'ame penitente, que les Epines au Corps qui en est piqué.

2. Rumeur.

La Discorde aux crains de Couleuvres,
Peste fatale aux Potentats,
Ne finit ses tragiques oeuvres
Qu'en la fin même des Etats.

Ce qu'on appelle rumeur, Discorde ou Temulte, est representé par un Homme en fureur, ayant un Serpent sur son Heaume, symbole des percieux desseins qu'il couve en son cœur. Il semble lancer un Javelot, comme pour semer la zizanie dans le Public. Son Habillement de diverses couleurs represente l'Ambition, la Jalousie & l'inegalité de son humeur violante.

3. Santé.

Je suis un bien inestimable.
Sans moy pauvres Mortels, vous le sentez tous bien,
Le plus riche est plus miserable
que celuy qui n'a du tout rien.

Elle est representée par une Femme qui est à la fleur de son âge, ayant en la main droite un coq, symbole de la Vigilance, & en la gauche un bâton n'oüeux, où s'entortille un Serpent.

4. Sanpience.

Le Livre que je tiens est la Sainte Ecriture,
Quand on puise dans cette eau pure,
Le fidelle est certain d'arriver au vrai but
Puis qu'il devient sage à salut.

Sa figure est celle d'une jeune Fille, qui dans l'obscurité de la nuit tient de la main droite une Lampe allumée. Sa jeunesse commande aux Astres, qui ne ne la peuvent faire viellir, ni luy oster l'Intelligence que la clarté qu'elle porte a éclairée dans son entendement, en dissipent les tenébres du vice. Elle tient les Livres des saintes. Ecritures qui conduisent les Ames au salut.

5. Sapience Divine.

Je brille d'un éclat qui n'a point de pareil,
Ma clarté le dispute à celle du Soleil:
Mais n'en sois point surpris, celete d'origine,
Ma lumiere est toute divine.

C'est une Dame qui nous la represente dans la modestie; & que ses regares merveilleux rendent venerable. Elle est vétuë

vétuë de blanc, parce que cette Couleur est la plus pure & la plus agreable à Dieu. Elle se tient droite sur une pierre quarrée, pour montrer qu'elle est inébranlable en ses fondemens. Elle a pour armes, un corcelet, & un Heaume dont le Cimier est un coq, & porte un Ecu rond en sa main droite avec la figure du S. Esprit au milieu, & en la gauche le Livre de la Sapience, d'où pendent 7 sçeaux avec l'Agneau Paschal au dessus: Armes toutes mystiques & propres à Dieu, *qui prendra pour corcelet la justice, pour Heaume un Jugement, & pour un Ecu inpénétrable l'Equité.*

6. Sapience Humaine.

On doit pour m'aquerir mettre tout en usage,
Ecouter tout, tout retenir,
Le ruminer, s'en souvenir:
C'est par ce moyen-là qu'on peut devenir sage.

Elle est représentée par un jeune Garçon que les Lacedemoniens ont trouvé convenable. Il a quatre mains & quatre orellles, pour signifier qu'il ne suffit pas de la Contemplation pour acquerir cette vertu, mais qu'il faut mettre la main à l'œuvre, & écouter les conseils de ses Amis. On luy fait tenir une Flute sans en jouër, pour montrer qu'il ne se faut point laisser chatouiller du son de ses loüanges. Il a un Carquois remply de Fléches, pour s'en servir dans le besoin.

7. Science.

Cet homme bouffy d'arrogance
Se croit plus sçavant qu'on ne pense:
Mais une chose j'ay-je bien
Qu'il est tout rempli d'ignorance.
Qui croit tout sçavoir ne sçait rien.

Elle est representée par une Femme qui a des Ailes à la tête, dautant que pour l'acquerir, il faut que l'Esprit s'éleve à la Contemplation Elle tiens de la main droite, Un miroir par l'assistance duquel les sens fournissent à l'Entendement la connoissance des Idées & de leurs subsistance. De la main gauche elle tient une boule & sur Triangle au dessus, Portrait de la science que les Doctes appellent une habitude de l'Entendement Speculatif: La boule ne souffre point de contrarieté; Et le Triangle produit toûjours les trois termes.

8. Secret, ou Silence.

Ne fais cas d'un amy que lors qu'il est discret
Et qu'il sçait garder le secret.

Quoy que ce ne soit pas le propre des Femmes de reverer le Silence, le voici cependent representé par une Dame fort grave, vétuë de noir, Symbole de Constance & de fermeté. Elle a une Bâgue en sa maiu droite qu'elle porte à sa bouche comme, si elle vouloit la cacheter: ainsi que le faisoient autre fois les Prêtres du Temple de Cerés, pour ne point reveler le secret de leur Déesse Elle a à ses pieds une Grenouille de Macedoine, Animal qui ne fait point de bruit.

9. Seureté.

Défie toy de tout, quoy que tu puisses faire,
Et ne t'endors jamais dans la securité,
La mefiance en toute affaire
Est mere de la seureté.

La seureté est representée de diverses façons dont nous parlerons ailleurs. Celle-cy est representée par Macrin sur une Medaille où sevoit une Femme, qui de sa main droite s'appuye sur une Pique; Arme de Préeminence & de Commandement, & qui de sa main gauche se repose sur une Colomne, Symbole de la Fermeté.

10 Servi[...]

10. Servitude.

L'esclavage m'est odieux,
Eusse-je tous les biens de la terre & de l'onde,
Si selon mon desir il faut que je réponde,
Sçachez que j'aime beaucoup mieux:
Etre libre, qu'avoir tous les tresors du monde.

Elle nous est representée par une une Fille échevelée, vêtuë d'une robe blanche & courte, foulant aux pieds des épines. Elle a sur ses épaules un pesant joug, & des aîles aux pieds, pour nous montrer que bien qu'on soit de condition servile, il ne faut laisser toutefois de se resoudre à souffrir les incommoditez qui s'y rencontrent, & de joindre la promptitude à la vigilance, ce qui est marqué par la gruë qui est à ses pieds, tenant une pierre.

11. Sincerité.

Qu'on void peu de candeur dans le siecle où nous sommes!
Les suivans en cela se ressembleront tous;
Tant que les hommes seront hommes,
Ils dissimuleront tout de même que nous.

La voicy naïfvement peinte par une Fille vêtuë de gaze d'or, qui signifie que la vraye sincerité n'est pas capable d'aucune feinte. Elle tient un cœur de la main gauche, pour montrer qu'elle ressemble à la Colombe qu'elle tient de la main droite.

12. Soin.

Ce n'est ni la beauté du corps,
Ni les agrémens du dehors
Qui te rendent recommandable:
C'est les soins que tu prends pour te rendre agreable.

Cette Figure est peinte belle, quoy que le soin viellisse; mais elle a pris l'occasion par les cheveux, & a retenu ce qui est bon en soy. Elle a des ailes qui semblent l'élever en Haut avec une extrême vitesse. Elle tient deux Horloges de sable, tandis qu'elle est animée par le chant du coq qui est à ses pieds. D'autre côté le Soleil qui sort de l'onde, & qui ne s'arrête point dans sa course, en designe un veritable Emblême.

13. Sort ou destin.

J'ai toûjours pendant ma jeunesse
Eprouvé tes rigueurs, Fortune, mais enfin,
Je suis heureux dans ma vielleße:
Il entre partout du Destin.

Il est representée par une Femme bizarrement vêtuë d'une robe de couleur obscure, tenant de la main droite une couronne d'or avec une bourse pleine d'argent, & de la gauche une corde, symbole du bon ou du mauvais destin, en quoy les Anciens ont pû se tromper.

14. Splen-

14. Splendeur de nom.

Tu seras toûjours en ma bouche,
Grand Héros, ma liere & mes vers
Feront connoître à l'Univers.
Combien le souvenir de ton grand nom
me touche.

Cet Homme de bonne mine, de belle taille, & d'un âge viril, semble animer le courage à faire des actions éclatantes. Il porte une robe tissuë d'or & de pourpre, le plus noble des habillemens. Son âge qui ne témoigne rien d'éventé par la jeunesse, ni rien de foible par la vieillesse, ne respire que les Actions de Gloire, afin que son nom soit écrit au Temple de Memoire. Il est couronné d'une Guirlande d'Hyacinthe rouge, portant au col une chaine d'or, & s'apuye de la main droite sur une massuë, tenant de la main gauche une torche allumée.

15. Temperance.

La disette, la pauvreté,
Procedent de l'intemperance;
Heureuse la Societé,
Où regne la sobrieté:
On y void regner l'abondance.

On nous le depeint par une Femme modeste, qui de la main droite tient une bride, & de la gauche une horloge, pour montrer, que le propre de la Temperance, est de moderer les Passions déreglées. Elle a un Elephant auprés d'elle, qui suivant les Naturalistes, est l'Animal le plus temperé, sur quoy on a écrit diverses Histoires.

1. Actions du Juste.

De même que l'Etoile éclate dans les
Cieux,
Et qu'à travers la nuë elle brille à nos
yeux,
Ainsi le juste fait paroître sa Constance
On void éclater sa vertu,
Dans ses travaux, dans la soufrance.
Et son coeur par les maux n'est jamais
abatu.

Cette Etoile qui brille dans les nuës represente les personnes justes dont les vertus éclatent par tout, & qui sont comme les Flambeaux du Ciel, qui éclairent les méchans pour leur faire connoître la verité. Il faut donc ne converser qu'avec les justes, afin qu'imitant leurs actions, nous puissions briller devant les yeux de Dieu.

1
ACTIONS DV IVSTE
2
AMBITIEVX
3
AME IVSTE
4
AME NEE POUR LES SOUFFRANCES
5
AME DROITE
6
AMI
7
AMITIE
8
AMOUR
9
AMOUR MUET
10
AMOUR POUR LA CROIX
11
AMOUR DES ENNEMIS
12
AVARE
13
AVARICE
14
AVARICE INSATIA BLE
15
AVEUGLEMENT

2. Ambitieux.

Voyez-vous ce Tantale au milieu des festins,
Qui meurt à tout moment, pour trop aimer la vie;
Scachez, Ambitieux qu'ayant la même envie,
Vous aurez les mêmes destins.

Damocles que tu vois assis en un festin sur un lit magnifique, ayant au dessus de sa tête une épée nuë qui ne tenoit qu'à un petit fil, étoit un courtisan de Denys le Tyran, qui est le veritable emblême des Ambitieux. Denis le fait servir avec la derniere magnificence, les mets les plus exquis, & les instrumens de Musique sont employez, mais dans son elevation il est dans des terreurs mortelles qui lui font desirer les douceurs dont il joüissoit dans la mediocre condition.

3. Ame Iuste.

Du juste on void sortir sans cesse des douceurs,
Qui touchent les esprits, & qui gagnent les coeurs:
Et pour cette raison on les compare aux Roses.
L'odeur de ses vertus se repand en tous lieux,
On l'admire, on la sent toûjours en toutes choses,
Et même cette odeur s'exhale jusqu'aux cieux.

Cette main qui tient un bouquet de Roses est le Symbole de l'ame juste, car comme les roses surpassent en odeur toutes les autres fleurs, aussi sont elles comparées aux Justes dans les Ecrits sacrez. Tachons donc de nous mettre en état que nôtre ame exhale une odeur agreable devant Dieu.

4. Ame née pour les souffrances.

Nos cœurs sont cloüez sur la croix.
Nous voulons imiter le Sauveur adorable,
Qui voulut bien souffrir sur un semblable bois,
Par un amour qui n'eut, ni n'aura de semblable.

Ces trois coeurs cloüez sur cette croix, font voir que le nôtre doit être attaché à celle de Jesus-Christ, en laquelle nous devons mettre nôtre amour, comme en la chose qui en est la plus digne.

5. Ame Droite.

Le juste porte à Dieu ses inclinations,
C'est pour lui seul qu'il fait toutes ses actions,

Aussi la main du Ciel les dresse & les dirige.
Par la corde & le plomb elles vont à leur but,
Car n'allant pas bien droit ce niveau les corrige,
Et le met en état d'assurer son salut.

Cette main dans le Ciel tenant un plomb au bout d'un cordeau qu'elle fait tomber perpendiculairement dans le coeur, represente le coeur de l'ame droite, de qui toutes les inclinations, les pensées & les desirs vont directement à Dieu, qui les conduit & les dirige par le niveau de son amour.

6. Ami.

L'homme receut également.
Le bien & le mal en partage :
Et Dieu l'a fait expressément,
Afin que sa vivante image,
Dût aux soins d'un ami son acomplissement.

Ces deux hommes sont semblables. Il faut cela pour qu'ils soient veritablement amis. On void pourtant beaucoup de vertu d'un côté, & beaucoup de vices de l'autre, comme on les void par ce que contiennent les bassins de cette balance. Mais que fait l'ami? il vient au secours du parti le plus foible, & se met lui-même du côté de la balance qui est le moins pesant, & par son contrepoids donne l'égalité aux choses inégales.

7. Amitié.

L'amitié brûle de sa flamme,
Tous ceux qui sont dignes du jour;
Les hommes qui n'ont point d'amour,
Sont des corps qui vivent sans ame.

L'homme est née pour aimer, ceux qui sont ici representez se tiennent par la main & s'embrassent. Ils quittent l'un pour l'autre ce qui peut nuire à leur amour, les honneurs, les richesses, & les plaisirs. Pourveu qu'ils se possedent l'un l'autre, ils croyent posseder toutes choses.

8. Amour.

L'amour porte un bandeau, seul pareil à soi-même :
On ne void au travers rien qui ne semble beau.
Quiconque veut aimer doit porter ce bandeau,
Et trouver tout parfait en la chose qu'il aime.

Ce pere qui ne void point les défauts de ses enfans quoi que disgratiez de la nature, est le veritable Emblême de ceux qui aiment bien. Comme celui-ci cherche en la beauté du visage de quoi opposer à la difformité de la la taille, & trouve dans une taille bien faite de quoi recompenser la laideur du visage : Ainsi un veritable ami regarde toûjours son ami par ses bonnes qualités, & ne s'attache point aux méchantes.

9. Amour müet.

Le silence est un bien suprême ;
C'est la vertu du Sage, & celle d'un Amant.
Qui ne parle que rarement,
N'offence jamais ce qu'il aime.

On ne doit jamais parler mal d'un ami. C'est ce qui est ici representée par le Dieu du Silence, qui toûjours müet, & toûjours maître de soi, commande à toutes les passions qui peuvent troubler l'harmonie de la veritable amitié. Il a des ailes, pour montrer qu'il emprunte son activité de l'amour, & qu'il vole lors qu'il s'agit de servir un ami.

10. Amour pour la croix.

Mon coeur & ma pensée ont la croix pour objet,
Tous deux tendent à ce sujet :
Ce bois sans cesse les assemble.
Quand ma pensée y court je sens mouvoir mon coëur,
Inseparablement ils vont tous deux ensemble,
Sur cette croix adorer mon Sauveur.

Cette croix portant un coeur au milieu, & des Pensées à chacun de bouts, signifie que toutes nos pensées que tous nos desirs, que tout nôtre amour doivent être en nôtre Sauveur qui a été Crucifié pour nous.

11. Amour des Ennemis.

Pour plaire à ton divin Sauveur,
Tu dois ère sincere & d'esprit & de cœur,
Et marcher simplement, comme fait la colombe,
Avoir de l'amour, point de fiel,
Relever ton prochain, lors que tu vois qu'il tombe,
C'est le moyen d'aller au ciel.

Ces deux Colombes sont le Symbole de la simplicité & de la sincerité qui doivent regner dans toutes nos actions ; & que comme ces animaux n'ont point de fiel, l'homme veritablement Chrétien, doit aimer & pardonner son prochain quoi qu'il l'ait offensé.

12. Avare.

Cet Avare aux levres, déteintes
Met son bonheur en son argent,

 Ce-

Cependant le chagrin lui donne des atteintes,
Et comme des vautours des entrailles rongeant,
Il meurt cent fois le jour de soubçons & de craintes.

Cet homme que tu vois est un vieux Usurier, qui tient d'une main les Registres de l'argent qu'on lui aporte, avec les interêts. Il craint qu'on le vole. Il regarde ses propres enfans comme autant d'Harpies & des Vautours qui se déchirent.

13. Avarice.

Non, il n'est pas besoin d'inventer un supplice,
Pour punir ce Brutal de son avidité.
Il s'est fait son Bourreau par excés d'avarice,
Et sçait bien se punir comme il a merité.

Elle est representée par un Gueux au mileu de grands biens, qui meurt de soif & de faim : & si quelque fois il accorde à son ventre quelque nourriture, ce n'est que de ces alimens dont se nourrissent à peine les plus miserables.

14. Avarice insatiable.

Retranche le desir qui t'agite & te trouble,
Borne ta convoitise, où finit ton pouvoir,
Plus l'Hydropique boit plus sa soif redouble ;
Plus l'Avare a des biens, plus il veut avoir.

Elle ne sçauroit mieux être representée que par cet Hydropique qui étant brûlé d'un feu qui ne peut être éteint croit qu'à force de boire il recevra quelque soulagement. Plus il boit & plus il veut boire. Ainsi en est-il de l'Avarice qui ne sçauroit être rassasiée.

15. Aveuglement.

Ne te vante jamais, ni d'esprit, ni d'adresse,
Pour avoir plus volé que n'ont fait tes Ayeux ;
Midas étoit tout d'or, & malgré sa richesse,
Il passa pour un Ane au jugement des Dieux.

Cet homme que tu vois est le Dieu des Richesses, & cette femme la Sotise, qui coiffe ce Dieu du plus ample de ses bonnets ridicules, & lui met entre les mains le sceptre grotes avec lequel elle commande à la plus grande partie de l'Univers.

1. Au

1
AUTHORITÉ D'AMOUR
2
AROGANCE
3
AMBITION
4
AVEUGLEMENT D'ESPRIT
5
ARCHITECTURE MILITAIRE
6
ALTIMETRIE
7
ASTROLOGIE
8
ARITHMETIQUE
9
ASIE
10
AFRIQUE
11
EUROPE
12
AMERIQUE
13
BEAUTÉ CELESTE
14
BON AUGURE
15
BONNE FORTUNE

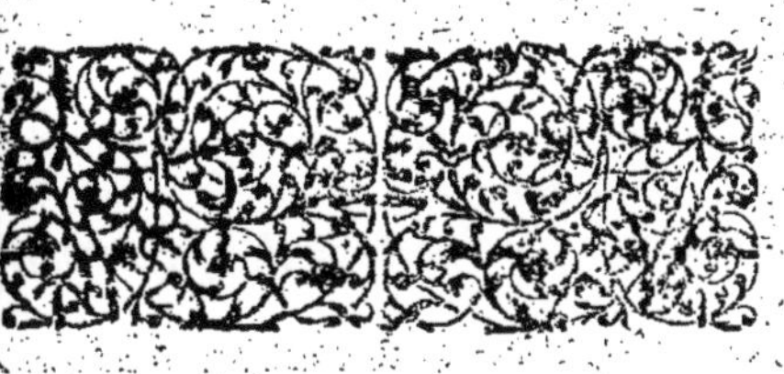

1. Autorité d'Amour.

Le pouvoir de l'amour s'étend jusques aux Cieux ;
Rien ne resiste à sa puissance,
Ce Dieu, le plus petit des Dieux
Est cent fois plus grand qu'on ne pense.

IL nous est representée icy par un petit Cupidon sans Armes mais acompagné de Mercure tenant son Caduce pour marquer son Eloquence. Il tient Hercule de la main droite, affin que vous ne soyez pas surpris des victoires, qu'il remporte de toutes parts.

2. Arrogance.

L'ignorance & l'orgueil se suivent pas à pas,
Vois-tu cet Orgueilleux? Il est plein d'ignorance:
C'est pour cette raison que l'on peint l'Arrogance,
Avec le bonnet de Midas.

On la peint par une Femme superbe qui tient sur son bras un Paon qui est le Symbole de l'orgueil, on luy fait porter des Oreilles d'Ane, pour marquer son ignorance, elle tient sa main droit étenduë, hausant un de ses doits, comme pour montrer son humeur obstinée à soutenir son opinion qui la fait passer pour vitieuse.

3. Ambition.

Mon Regne est de tout tems. Dans les Siecles passez,
Tout de même que dans le nôtre,
On n'a jamais dit ; C'est assez.
On tiendra ce langage encore dans un autre.

L'ambition est un apetit déréglé de parvenir aux grandeurs par toutes sortes de voyes, elle est habilliez de vert, ayant sur sa teste divers couronnes & autre marques d'honneur qui acompagnent les hautes dignitez, Elle a des aisles pour montrer son avidité à voler par dessus les autres, la mere orageuse & le Lion qui fuit derriere elle, montre que ce vice est sujette à bien des revolutions.

4. Aveuglement d'Esprit.

A voir ce que les hommes font,
Et les divers panchans qu'ils ont,
On diroit que chacun radote,
Et qu'ils sont fous tous tant qu'ils sont.
Ils le sont en effet ; chacun à sa marote.

On le represente par une Femme qui est dans un Jardin où elle montre une Taupe d'une main, cet animal qui n'a point de yeux est le Sym-

Symbole de aveuglément d'esprit, de l'autre costé se sont des Tulipes dont plusieurs curieux sont idolatres, ce qui passe pour un aveuglement.

5. Architecture Militaire.

Si chacun dans ce monde étoit content du sien,
Que sur le bien d'autrui nul ne pretendit rien,
Je deviendrois de nul usage:
Mais quel Prince aujourd'hui vit sans pretentions?
Fortifiez-vous donc; il est d'un Prince sage,
De prendre ses precautions.

Elle a pour emblême une Dame serieuse & virile, parce qu'en matiere de fortifier il ne doit avoir rien qui sente la molesse, sa robe est de divers couleurs, marquant les divers qualités requise à cette science, elle porte une chaine d'or le plus noble des meteaux où pende un Diament pour montrer que l'industrie est le plus beaux joyau du Prince, puis qu'elle le met à couvert des coups de ses ennemis, de la main droite elle tient un Instrument propre à tirer des plans, & de la gauche un tableau representant un Fort de figure héxagone, au dessus duquelle est une Hirondelle, & a ses pieds elle a des instrumens propre à remuer la terre.

6. Altimetrie.

A me voir mesurer de loin cette hauteur,
On diroit que j'agis par des secrets magiques.
Ignorans, voulez-vous n'être plus dans l'erreur;
Apprenez les Mathematiques.

On la represente jeune Fille, pour ne pas dégénérer des qualitez de sa Mére, elle observe pointuellement toutes les dimantions qu'elle luy à montré, tenant pour cet effet un Quarré Geometrique dont on se sert pour prendre la hauteur d'une Tour.

7. Astrologie.

Je vais du pair certainement,
Avec les plus belles Sciences,
Je monte dans le Firmament,
Je connois de ses feux l'ordre & le mouvement,
Leurs vertus & leurs influences.

Cette Reine des belles connoissances couronnée d'étoilles, & qui en a sa Robe toute semée, n'a pas sans raison un soleil devant elle, un sceptre en l'une des mains, un Globe celeste en l'autre, & un Aigle a ses pieds, pour montrer qu'elle à toûjours les yeux fixes a considerer le cours des Astres, dont elle fait toute son estude en la recherche des plus curieux & des plus nobles secrets qui dépendent de leurs influences.

8. Ari-

8. Aritmetique.

Je suis plus nécessaire aux humains
qu'on ne pense,
Chacun devroit me consulter;
Tel est au bout de l'an au bout de sa
finance,
Parce qu'il ne sçait pas compter.

On l'a represente par une belle & agreable Femme representans la perfection des nombres, elle est vêtuë d'une Robe semée de Notes de Musique où est escrit, **Par et Impar**, il y à un piédestalle sur laquelle elle tient un livre ouvert, dont elle considere les nombres qui sont les chemins pour venir à la connoissance de la Mathematique, de la Musique, de la Géometrie & autre choses semblables.

9. Asie.

Or, Parfums, en moi tout abonde,
Je suis, comme l'a dit un fameux Escrivain,
Des quatre Parties du monde,
La plus utile au genre humain.

L'Asie nous est representée par une Femme superbement vêtuë ayant une Robe chamarée de Piereries, symbole de l'abondance de son pays. Elle tient de la main droite divers Aromates, de la gauche elle tient un Encensoir d'où s'exhalent des agreables parfums qui croissent sur les lieux comme les belles fleurs qui forment sa coûronne, les Cosmographes la font passer pour une troisiéme partie du Monde; quoy que par son étenduë elle peut faire prés de la moitié; elle est ainsi apellé d'une fille de Thetis & de l'Ocean, elle à aussi un Chameau prés d'elle.

10. Afrique.

Mille Monstres affreux se rencontrent
chez moi,
Mais je n'en suis pas plus affreuse.
Quelle est la terre assez heureuse,
Qui n'a point des Monstres chez soi?

En considerant cette Femme morne, on la juge d'abord Afriquaine: Elle est presque toute nuë, à cause que ce Païs-là n'a pas grande Richesses, ses cheveux sont crepus, ayant pour cimier une teste d'Elephant, & un collier de corail tenant un scorpion de la main gauche, & de la droite une corne d'abandance pleine d'épies, outre qu'elle est suivie par un Lion & par un Serpent. L'Afrique fait une des quatre parties du monde, & a pris son nom d'un des Descendans d'Abraham, nommé Afer.

11. Europe.

Si je n'ai point tous les tresors,
Et tous les parfums de l'Asie,
Je ne lui porte point envie;
Mes peuples sont robustes, forts,
Ils ont la valeur en partage,
Et les autres leur font hommage.

Cette Partie du Monde a esté nommée l'Europe par d'Agenor Roy des Phœniciens à cause que sa fille fut enlevée par Jupiter & menée en l'Isle de Crete; Elle est peinte en Reine superbement vêtuë de divers couleurs pour marquer ses diverses richesses. Elle porte sur sa teste une riches couronnes, & assise au milieux de deux cornes d'Abondance, l'une plain de fruits, l'autre de raisins, pour y marquer sa fertilité. Elle tient de la main droit un Temple à cause que dedans son etenduë est la vraye Religion, de la gauche elle tient un sceptre, Symbole de sa puissance. Elle a prés d'elle un cheval de divers sortes d'Armes, des Couronnes, des livres, Globes, Compas, Regles autre Instrumens pour marquer qu'elle emporte la prix en toute les plus nobles sciences.

12. L'Amerique.

Avant que Christophe Colomb,
Eut passé le Pole Antarctique,
Croire que j'existois, c'étoit être Héré-tique.
Vn Pape, qui d'ailleurs en savoit assez long,
Oza le decider par un Bref autentique.

Cette derniere partie du Monde nouvellement decouverte par Americ Vespua Florentin. Elle est representée par une Femme qui a le tient olivastre, le visage effroyable, elle a pour toute habillement une maniere de charpe artistement fait de plûme & de coton, elle porte une fleche d'une main & tient un Arc en l'autre, [un] carquois à ses pieds & un Lezard comme un Crocodile avec une tête humaine arachée de son corps, pour marquer que ce barbare se rasasie de chair humaine, comme font aussi les lezards de se Païs là.

13. Beauté Celeste.

Rien ne se void en aucun lieu,
Qui ne soit formé d'une idée,
Qu'engendre la Beauté de Dieu,
Et son Amour par qui sa raison est guidée.

Il est impossible à l'homme de bien representer une beauté celeste, cependant Cille la faut definir par metaphore, elle n'est autre chose qu'une lumiere resplandissante, vous la voyez icy peinte comme une Anges entourez de Rayons, qui vous éblouise & qui tient un Lis d'une main & une Globe de l'autre.

14. Bon augure.

Les Presages dans la Nature
Sont des chimeres en un sens,
Mais rien n'arrive à l'avanture
Il est certains evenemens,
Que je tiens de fort bon augure,
Quoi qu'en disent certaines gens.

L'on represente le bon Augure par un jeune homme vestu de verd, Symbole de l'esperance, il a sur sa teste un étoile cela jointe au Cigne qu'elle tient entre ses bras, animal qui pour son extrême blancheur & signe

1
CHATIMENT D'AMOUR
2
COMBAT D'AMOUR
3
CURIOSITE D'AMOUR
4
CONTENTEMENT D'AMOUR
5
CONTENTEMENT
6
CHARIOT D'AMOUR
7
CHARMES D'AMOUR
8
CONSIDERATION
9
DESIR VERS DIEU
10
DIALECTIQVE
11
DESIR MAGNANIME ET GENEREUX
12
DOMINATION
13
DESESPOIR
14
DETRACTION
15
DUEL

signe de bon augure fut consacré à la Déesse Venus.

15. Bonne Fortune.

Defie toi toûjours de la foule importune,
De ses hableurs impertinents,
Qui se vantent à tous momens,
D'être gens à bonne fortune.

Elle nous est representée par une belle Femme assise, & s'apuye du Bras droit sur une Rouë, tenant de la main gauche une corne d'Abondance, dont elle prodigue souvent sans s'arrêter au merite. Elle a des aisles pour marquer sa legereté, comme la Rouë abaisse tantost l'un & tantost prend plaisir à élever l'autre.

1. Châtiment d'Amour.

La fortune aide au temeraire,
Un grand homme autrefois l'a dit,
C'est sur tout en amour que le fou reussit,
Cependant quel que fois Cupidon en colere,
Le mortifie & le punit.

Le voici representée par une Venus qui ayant attaché Cupidon à un poteaux avec ses Armes en maniere de Troffée, elle luy donne le fouët avec une branche de Rossier, faisant voir par là que les Amants temeraires sont sujet d'avoir des picures amer, lors qu'ils se croyent au comble de leurs delisses.

2. Combat d'amour.

Le metier des Amans est celui des Guerriers,
Comme eux ils ont des Forts, des Places qu'ils attaquent,
Comme eux ils ceuillent des Lauriers.
Mais comme eux il faut qu'ils combattent.

Ces deux Amours combattent pour une même fin, l'un disputant à l'autre le prix de fidelité, l'on voit que tant plus l'un fait d'effort pour conserver la palme qu'il s'est acquis, plus l'autre tache à le surmonter, ce qui fait qu'une effort n'est pas finie que l'autre recommence.

3. Curiosité d'amour.

Amant, ne sois point curieux,
Sur le sujet de ta Maîtresse,
Il est de la prudence, il est de la Sagesse.
D'admirer ce qu'on aime, & de fermer les yeux.

Elle est icy representée par une

Femme nuë qui fortuitement la nuit vient surprendre sur son lit, ce petit Dieu avec une lumiere pour voir si elle ne decouvrira pas de nouvaux charmes, mais comme c'est curiosité, n'a rien pour elle de réelle, elle reste tousjours dedans une perpetuelle curiosité.

4. Contentement d'Amour.

Peu de gens sont heureux dans l'amoureux Empire,
A les oüir parler, tout est pour eux martyre,
Pour moi j'y trouve tout au gré de mes desirs,
Et j'y goute mille plaisirs,
Que je puis bien sentir, mais que je ne puis dire.

C'est une Femme vêtuë d'une Robe longue d'un bleu celeste qui nous la represente. Elle porte une main sur sa teste, qui est couronnée de fleurs entrelassé de lauriers, & de l'autre main elle tient une coupe remplie de fleurs divers, où est placé un cœur aux milieux qui marque son contentement.

5. Contentement.

Que le titre de riche est un titre éclatant!
On est consideré sur la terre & sur l'onde,
Quiconque est riche dans le monde,
Se peut dire heureux & content.

Il y a de divers sortes de contentemens, on peut dire que celui cy est la contentement à l'egard des richesses, puis qu'elle est representée par un jeune Homme qui se contemple dans un Miroir, ayant des habits superbement garny de piereries, l'épée à son côté, & tenant sous son bras un bassin d'argent remply de pieces d'or & de piereries, cela joint à sa mine contente, fait connoitre qu'il a chassé pour l'heure toutes sortes de chagrin.

6. Chariot d'amour.

Pour avoir des adorateurs,
Venus étale à nud ses attraits & ses charmes:
Une femme qui veut se servir de ces armes,
Peut triompher de tous les coeurs.

C'est icy où la belle Venus paroit avec toutes ses charmes dedans son char de Triomphe & semble aller à Paphos ou à Amathonte, pour y recevoir les voeux de ses Adorateurs au milieu de son Temple qui étoit de forme ronde. Elle est peinte nuë, pour montrer qu'elle est poüillé d'honneur, n'ayant que ses plaisirs lascifs en recommandation & la luxure, aussi est elle couronnée de Myrthe qui en est le Symbole, son chariot est tirée par des Pigeons, oiseaux qui sont en amour toute l'année, elle tient un Globe de la main droite, pour marquer l'empire qu'elle s'attribuë sur tout le Monde, & trois Pommes de la la gauche, mémoire du jugement de Paris, où le prix de la beauté luy fut donné, elle est acompagné des trois graces, comme ses Filles suivants.

7. Charme d'amour.

De toutes les Divinitez,
Venus fut toûjours la plus belle:
Les Ris, les Jeux, les Voluptez,
Les Amours volent autour d'elle,
Et pour relief à ces beautez,
Elle ne fut jamais cruëlle.

Cette figure est tirée d'une ancienne Medaille où Venus se voit toute nuë avec des aisles au dos, & une Harpe entre ses mains, sa nudité montre son humeur lascive; les aisles son inconstance, & la Harpe ses attraits par l'aye. Son fils Cupidon luy presente une Marote pour montrer qu'elle n'aime qu'à folatrer & à rire.

8. Consideration.

Pour n'élever son vol, ni trop haut, ni trop bas,
La Gruë a des callioux, qu'en ses pieds elle porte,
Et par ce contrepoid's elle se rend plus forte,
Pour l'empêcher de ne choir pas.

Elle a pour Emblême une jeune Femme, qui tient de la main droite un Compas, instrument necessaire pour parvenir avec justesse au fin des ouvrages que l'esprit s'est proposé, la Regle qu'elle tient de la main gauche n'est pas un moindre symbole, outre qu'en l'un de ses côtez se voit une Gruë en l'air, tenant un Caillon en l'un de ses pieds.

9. Desir vers Dieu.

La terre n'eut jamais mon coeur,
Ce n'est que pour le ciel qu'il brûle & qu'il soûpire,
C'est à ce lieu de son bonheur;
Qu'il tend, qu'il pense & qu'il aspire,

On le represente icy par la figure d'un Ange qui a des aisles ouverte pour marquer le Zelle de voller au Ciel, d'où elle jette ses regards & son Cœur enflammée montre que ses Oeuvres n'ont pour objet que Dieu seule, le Cerf qui se désaltere auprés d'elle en est un veritable symbole.

10. Dialectique.

Tout est problematique en moi,
Il n'est rien que je ne demontre,
Avoüons-le de bonne foi,
Je soûtiens le pour & le contre.

Elle est figurée par un jeune soldat d'une ferme resolution ayant un casque en teste avec deux plumes, l'une blanche & l'autre noire & pour cimier une Lune, le Heaume represente la qualité requise en la Dialectiques, Art à soutenir le vray & le faux, à quoy convienne les deux plumes, & la Lune qui est toujours mobile, de la main droite, il serre deux dards pomtu par les deux bouts & ferme le point gauche comme pour defier quelqu'un.

11. Desir Magnanime

Le Ciel m'avoit donné la valeur en partage,
Je fus aussi fort que Samson,
Comme lui je vainquis un furieux Lion:
On vient a bout de tout, quand on a du courage.

L'action de ce jeune guerir montre jusques où le desir de la gloire pousse les jeunes courages. C'est icy la figure de cet ancien Lysimachus qui dans l'amphitéatre fut si courageux & si hardy, que de combattre un Lion, auquel il arrachât la langue.

12. Domination.

Ce qui fait tout l'éclat des Rois,
De leurs Conseils & de leurs Loix,
C'est la sagesse & la Prudence,
Mais sur tous c'est la vigilance.

Ce serpent enlacé sur la teste de ce Guerrier qui étend une main & tient de l'autre un grand sceptre, au bout duquel se voit un œil qui signifie la vigilance qu'un Prince doit avoir sur les peuples qu'il commande, comme les serpents qui sont sur la terre demandent la prudence.

13. Desespoir.

Rien n'égale le mal extrême,
Où le desespoir me reduit;
Contre les loix du Dieu suprêm[e]
Qui condamne aux enfers celui qui [se] detruit,
Je me détruis moi même,
Et ne crains point les maux d'u[ne] éternelle nuit.

Cette Femme represente le D[e]sespoir, qui est le pere & le derni[er] de tous les maux. Elle a dans le se[in] un poignard, qu'elle s'y est enfonc[é] jusques à la garde; tient de la mai[n] droite un rameau de Cyprés, arb[re] qui estant une fois coupé, ne pouss[e] jamais de nouveaux rejettons. Ell[e] regarde à ses pieds un Compas rompu, marque que la Raison l'a quitté & donné en proye à la violence de [sa] Passion.

14. Detraction.

Je parle de toute la terre,
Par ma langue je fais la guerre
Aux Rois, aux Magistrats & ce qu[i] fait horreur,
Quelque fois même au Createur.

Elle est peinte assise, parce que l'oisiveté est la principale cause de la Detraction. Elle est couverte d'une Robe semée de langues, pour signifier qu'elle ne se lasse jamais de parler d'autruy, elle tient de la main droite un poignard, pour marquer qu'elle fait plus de tort à son prochain

1
THEOLOGIE
2
THEORIE
3
TVTELE
4
VALEVR
5
VANITE
6
VERGONGNE
HONNESTE
7
VERITE
8
VERTV
9
HEROIQVE
10
VIE COVRTE
11
VIE LONGVE
12
VIGILANCE
13
VIRGINITE
14
VOLONTE
15
ZELE

ain par sa langue que l'on ne peut re par ses Armes de la main uche, elle tient un Rat animal i n'est propre qu'à nuire.

15. Duël.

vitez de bien loin toutes ces Bourreaux infames,
ui vantent des Duels les loix pleines d'horreur,
t livrent aux Demons & leurs corps & leurs ames,
our une vanité qu'ils nomment Point d'honneur.

C'est icy proprement où les Homes s'ecartent le plus de leur devoir, r pour une bagatelle ils se donnt des rendez-vous pour se battre mme des desesperez le plus sount pour une œillade, un mal enten- ou autre chose semblable, & non ntans de se prostituer eux mêmes trainent avec eux la perte de leurs eilleurs amis en les priant de s servir de second.

1. Theologie.

Plus éclairée que les autres;
Je pénétre, j'aprofondis,
Ce que nous ont laissé dans leurs divins Ecrits,
Les Prophetes & les Apôtres;
J'explique leurs faits & leurs dicts.

C'Est une Femme à deux visages l'un vieux, l'autre jeune, le jeune regarde le Ciel, l'autre la Terre, pour representer l'agreable & l'ennuy. Elle est assise sur un Globe d'azur semée d'Etoiles. Elle tient le bord de sa robe proche de terre, pour montrer, que cette divine science ne songe point aux choses basses. Elle a une roue auprés d'elle, symbole de la Theologie, car comme elle ne touche que par la plus basse partie de la circonference quand elle est en mouvement, de même le Theologien ne se doit servir du sens que par mesure.

2. Theorie.

La Pratique fait tout, c'est ce que chacun dit;
L'Axiome est certain & vrai san contredit,
Cependant, quoi que l'on en die,
Aveque la Praticque il faut la Theorie.

Elle est peinte en jeune Femme qui regarde le Ciel & semble descendre du degré, pour nous faire connoitre que les choses intelligibles s'acquieront par degré, & qu'il faut du temps à l'esprit humain pour se perfectionner. Elle a une robe bleu ce-

celeste qui borne nôtre veuë. Sur sa tête est un Compas ouvert, instrument propre à la Theorie, pour mesurer les choses & les ajuster.

3. Tutelle.

Je vis au milieu des mondains,
Sans participer à leurs vices,
Je cours aussi bien qu'eux miserables humains,
Sur le panchant des precipices:
Mais le ciel qui me garde & qui guide mes pas,
Fait que je ne trebuche pas.

C'est une Femme vêtuë de rouge, Symbole d'amour & de Charité. Elle tient un Livre de compte au dessous d'une balance avec le mot *Computa.* De la main droit elle tient le bord de sa robe, dont elle semble vouloir couvrir un Enfant qui dort à ses pieds, au dessus duquel se voit un petit lezard, animal qui a la proprieté d'eveiller à la conservation de l'Homme qui dort à la Campagne. Elle a aussi un Coq, pour montrer qu'un Tuteur est obligé d'être vigilant à conserver le bien de son Pupil. Il y a diverses Medailles frapées à ce sujet.

4. Valeur.

Soyez dans la vertu constant & magnanime,
Et que le peché seul étonne vôtre cœur:
Si vous pouvez mourir en évitant le crime,
Vous acquerrez le nom d'un illus[...]
vainqueur.

Elle est representée par un Hom[...]me d'un âge viril, temps propre [...] soûtenir sa valeur par la force de so[...] corps & par celle de son esprit. [...] tient en la main droite un sceptre [...] pour montrer que la Prééminen[...] est deüe à la valeur, de la couron[...] de laurier, qui est autour de son scep[...]tre de la main gauche, il caresse u[...] Lion, pour montrer que la Vale[...] vient jusqu'à s'assujettir les courage[...] les plus barbares.

5. Vanité.

Fuyez la vanité, ce n'est que vain[...]
Gloire,
Devant Dieu, l'orgueilleux est un gran[...]
criminel:
Et gravant vôtre nom au Temple [...]
memoire,
Pensez à ne pas perdre un Royau[...]
me éternel.

Elle paroit icy jeune Fille riche[...]ment vêtuë avec un visage fardé, n[...] songeant qu'à plaire à autruy, & [...] faire parler d'elle. Elle a une Tas[...]se sur sa tête, & un cœur au milieu.

6. Vergogne honnête.

Chacun regarde avec horreur,
L'impudence & l'effronterie;
Mais rien ne gagne tant le coeur,
Qu'une

Qu'une pudeur honnête, & que la modestie.

Nous la figurons par une Fille agreable qui a les yeux peinchez en bas, marque de sa modestie. Elles a les joues vermeilles, pour montrer sa Pudeur. Une Tête d'Elephant forme sa coifture, parce que c'est l'Animal le plus honteux. Elle tient de la main droite un Faucon qui a la cœur extrémement noble, & en la gauche un rouleau, où sont écrits ces deux mots *Dyzoria procul.*

7. Verité.

Agissez & parlez sans aucune surprise,
Et ne dissimulez jamais la verité;
Vous plairrez au Grand Dieu qui cherit la franchise,
Et qui veut qu'on agisse avec sincerité.

Elle est representée par une beauté nuë, pour montrer sa naifveté. Elle tient de la main droite un Soleil, qu'elle tient comme Dieu, source de verité; de la main gauche elle tient le Livre sacré avec une branche de Palme. Elle foule un Globe terrestre à ses pieds, pour nous faire voir que la verité est au dessous de toutes choses.

8. Vertu.

Le ciel qui me forma de ses feux les plus beaux,
Me rend tous les Mortels égaux.
Mes bienfaits m'ont aquis un souverain Empire:
Mais l'éclat dont mon corps se trouve revêtu,
N'est rien pourtant au prix de ma Vertu.

Cette jeune Fille qui ne paroit pas moins agreable que belle, est la vraye image de la Vertu. Elle a des Ailes, pour montrer qu'elle s'éleve sur le commun. Elle tient une Pique de la main droite, marque de de sa Préeminence sur la vice. De la gauche elle tient une couronne de Laurier, & a un soleil au milieu de son sein.

9. Vertu Heroïque

Qu'un Heros est content, & qu'il trouve d'appas,
A se tenir tranquille au dessus des offenses!
Pouvoir se bien vanger, & ne se vanger pas,
C'est la plus douce des vengeances.

Elle est icy representée par un Hercule vestu de la peau d'un Lion. Il tient une Massuë de la main droite, & de la gauche trois Pommes d'or cueillies dans le jardin des Hesperides: Par où sont representées trois sortes de vertus Heroïques, attribuées à ce dompteur des monstres; la premiere est la Moderation, la seconde la Temperance, le troisiéme le généraux mépris des vengeances, & des voluptés delicieuses.

12. Vie

10. Vie courte.

Le temps d'un insensible cours,
Nous porte à la fin de nos jours;
C'est à nôtre sage conduite,
Sans murmurer de ce defaut,
De nous consoler de sa fuite,
En la ménageant comme il faut.

On la represente par une Femme qui a sur sa tête une Guirlande de fleurs, & sur le sein la figure de *l'Hemorobion*, petit Animal volatil, qui meurt dés qu'il est nez: En la main droite elle tient une branche de laurier avec ces mots à l'entour,

Elle s'évanouït & se passe en un jour.

11. Vie longue.

Nos Peres autrefois vivoient prés de mille ans,
Mais aujourd'hui les destinées,
Ont borné nôtre vie a quatre vingts années,
Parce que nous sommes méchans.
Console toi pourtant, Fidelle,
Nous attendons au ciel une vie éternelle.

La figure est celle d'une vielle Femme vêtuë à l'antique. Elle s'appuye de la main droite sur la tête d'un Cerf, & de la gauche, elle tient une Corneille, les deux Animaux qui suivant les Historiens, vivent le plus long-temps.

12. Vigilance.

Nous sommes exposez tous les jours a[...] combats:
Ayons donc comme bons Soldats,
De la valeur, de la prudence,
Et sur tout de la vigilance.

Cette figure se trouve encore exp[...] quée ailleurs. De plus, tout le mon[...] sçait que la Lampe, le Lievre & la Gr[...] sont de vrays symboles de la vig[...] lance. Mais comme il y en a [...] diverses sortes, on en fait divers T[...] bleaux.

13. Virginité.

Rien n'égale ici bas une vie sa[...] tâche,
C'est à ce seul bien que s'attache
Une ame qui soûpire aprés l'éternité:
Que de nos corps mortels la mort [...] rassasie,
Il vaut bien mieux perdre la vie,
Que de perdre sa pureté.

La figure est celle d'une belle fil[...] le, vêtuë de blanc, couronnée d'u[...] ne Guirlande, & qui d'une façon a[...] greable s'étreint le milieu du corp[...] d'une ceinture de laine blanche.

14. Volonté.

Helas! vous ne pouvez rien faire de vous-même,

Si

1
CELERITE OV VITESSE
2
CONFIDENCE
3
CONSEIL
4
CORECTION
5
COVRTOISIE
6
CONCORDE PACIFIQV
7
CALLIOPE
8
CLIO
9
CLEMENCE
10
COMMANDEMENT SVR SOYMESME
11
COMMERCE DE LA VIE HVMAINE
12
CAPRICE
13
CONTRARIETÉ
14
CVPIDITÉ
15
COROGRAPHIE

Si Dieu n'étend sur vous sa divine bonté,
Mais vous favorisant de sa grace suprême,
Il donne la vigueur à vôtre volonté.

Elle est figurée par une Fille aveugle, à cause qu'elle n'avoit rien de soy-même, & qu'elle flote toûjours entre l'esperance & la crainte. Elle a des aîles au dos & aux pieds, pour estre plus prompt à se detâcher de la Terre, pour voler au ciel. Elle est habillée de couleur changeante.

15. Zele.

A servir vôtre Dieu montrez-vous plein de zele,
Donne tout vôtre cœur à la devotion.
En tout temps, en tout lieu, soyez à Dieu fidele;
Chacun peut être à luy dans sa Profession.

Il est icy representée par un Homme habillé en Prêtre, qui de la main droite tient une discipline, & de la gauche une lampe allumée.

1. Celerité ou vitesse.

De tous les défauts la lenteur
Est le plus prejudiciable,
Sois vîte, sois actif, sois tout rempli d'ardeur,
La victoire est inévitable.

La description de cette peinture est tirée de Pierius en ses figures hierogliphiques, où il depeind la vitesse telle qu'on la voit icy, la foudre en main n'y ayant rien de plus prompt, elle a un esprévier prés de sa teste qui est l'oiseau qui a le vol plus viste, elle a aussi un Dauphin à ses pieds, qui est le poison qui nage le plus viste.

2. Confiance.

Il faloit que celui portât armé le sein,
De trois ramparts d'airain,
Qui le premier de tous sur la mer inconstante,
Confia sa barque flotante.

Il seroit difficile d'en faire un tableau plus naturel que celuy-cy, c'est une Femme qui soûtient un navire des deux mains, & qui regarde fixe-

 ment

ment pour nous montrer que la confiance, presuppose la connoissance d'un danger & le moyen de les éviter.

3. Conseil.

Rien ne reussit à ce Prince,
Il perd Province aprés Province:
S'il tache à les reprendre, il n'en vient point à bout,
C'est son Conseil qui gâte tout.

Il nous est representée par un viellard qui a blanchy sous diverses experiences : il est vestu d'une Robe longue d'escarlatte, & porte une chaine d'or à son cou, où pend un cœur qui est la plus noble partie du corps, qui vit le premier, & meurt la derniere; en sa main droite il tient un livre, pour nous montrer que la lecture est necessaire en tout âge pour le hibou qu'il tient de la main gauche, c'est le symbole de la meditation.

4. Correction.

Mon air, mon seul aspect impriment la terreur,
Aussi ne hais-je rien si fort que l'indulgence.
On rend sage par la rigueur,
On perd tout par trop de clemence.

C'est la figure d'une Fille melancolique assise, tenant de la main droite une plume dont elle corrige un livre, qui est un acte de prudence, de la main gauche elle tient un foüet qui est tableau de la correction.

5. Courtoisie.

J'ai débarbarisé mille peuples divers,
Je régne par tout l'Univers,
Les Nations les plus altieres,
S'accommodent de mes manieres.

Elle nous est répresentée par une belle Dame qui à le don du corps, de l'ame, & de la fortune, qui est l'Empire de la Courtoisie, Elle est couronnée, & porte le manteau Royal semé d'hermines. Elle est vêtuë de blanc, pour marquer qu'elle est sans fard, estendans les bras comme pour accueillir tout le Monde, & répand à pleine mains des pieces d'or & des pierreries.

6. Concorde pacifique.

L'Abondance & la Paix,
Ne se quittent jamais,
Ce sont deux soeurs aimables
Toutes pleines d'attraits,
Qui sont inseparables.

Elle a pour emblême une femme couronnée d'olivier simbole de la paix tenant d'une main un vase plein de feu, pour montrer son ardente charité; elle porte une corne d'abondance, pour marquer que la concorde enrichit les Estats qui par leur prudence entretiennent la paix.

7. Calliope.

Mes termes énergiques,

Sont

Sont pour les demi-dieux ;
Je chante leurs faits glorieux,
Et leurs Exploits Heroïques;

Cette cinquiéme des Muſes jeune & belle, couronnée d'or, eſt eſtimée la principale des Muſes, tient en ſon bras gauche pluſieurs guirlandes d'olivier, ſymbole de la recompenſe de la Poëſie, de la main droite elle tient trois Livres qui ſont les œuvres des plus Illuſtres Poëtes, qui ſont Lodiſſée, l'Illiade, & l'Eneide.

8. Clio.

Cette fille du ciel dans un comble de gloire,
Chante des grands Guerriers les noms & la memoire.

Cette fille du ciel dans un comble de gloire chante des grands Guerriers les noms & la memoire, elle eſt peinte en jeune fille couronnée de laurier, tenant une trompette d'une main, pour montrer qu'elle eſt tousjours preſte à publier les belles actions ; de la main gauche elle tient un livre de Tacidide à cauſe qui c'eſt à cette Muſe que l'on attribuë l'invention de cette hiſtoire.

9. Clemence.

Je deteſte la cruauté,
Je ſuis de la rigueur la cruelle ennemie,
Je péche par trop de bonté,
Je ne punis, ni ne chatie.

l'Empereur Severe la voulant repreſenter, fit fraper une medaille ſous la figure d'une femme courageuſe aſſiſe ſur un Lion, tenant une lance d'une main & de l'autre un dard, le Lion eſt un ſymbole de cette vertu, parce qu'il ce contente d'abattre à ſes pieds ceux qui luy ont voulu nuire : comme la lance & le dard ſont des armes qui ne s'employent jamais contre ceux qui ont merité d'eſtre châties pour quelque faute commiſe.

10. Commandement ſur ſoy-meſme.

C'eſt là la victoire ſuprême,
Quand on ſe peut vaincre ſoy-même.

Comme le Lion eſt le plus redoutable de tous les animaux, de même la paſſion qu'il repreſente, eſtant le plus dangereux ennemi des hommes, il doit comme un Hercule tous les efforts pour vaincre ce monſtre, ce qu'il ne lui ſera pas impoſſible s'il conſidere que les Lions meſme peuvent eſtre domptez, comme l'on le voit par cette emblême.

11 Commerce de la vie humaine.

Je ſuis doux, & d'humeur affable,
Je porte ſur la main mon coeur,
Je ſuis la ſource de bonheur,
Et ce n'eſt que par moi que la vie eſt aimable.

Il eſt repreſentée par un homme qui montre du doit une double pierre de mou-

moulin, ſymbole mutuel du commerce des hommes qui ont beſoin d'un ſecours reciproque, il tient un ſigogne, animal fort ſecourable, lors qu'ils ſont obligés de voler beaucoup, ils ſe ſoutiennent le col l'un aprés l'autre, comme font auſſi les cerfs lors qu'ils paſſent quelque Riviere.

12. Caprice.

Vois-tu cette figure rare?
Je ſuis encore plus bizarre.

Il eſt repreſentée par un jeune garçon bizarrement vêtuë, ce qui le fait regarder avec étonnement, il a ſur ſa teſte des plumes de divers couleurs, ſymbole de l'inconſtance, il tient de la main droite un ſouflet, & de la main gauche, il tient un eſperon, pour marquer que les capricieux ſont prompts à flater les vertus des uns, & à s'emporter contre leurs vices par des paroles piquantes.

13. Contrarieté.

On a beau faire, on a beau dire,
Il ſe trouvera de tout tems,
De ces ſottes ſortes de gens,
Qui ſe font un plaiſir de toûjours contredire.

Ce n'eſt pas mal à propos qu'on le peint avec une Robe moitié blanche, tenant d'une main du feu & de l'autre de l'eau, deux elemens directement contraire. Elle a deux roües à ſes côtés, marque de l'inconſtance des hommes preſomptueux qui ce plaiſent à choquer & à contredire les ſentimens de tout le Monde, vice dangereux & inſurportable.

14. Cupidité.

Si mes deſirs ſont fous, s'ils ſont tous vitieux,
N'en ſoyez pas ſurpris, c'eſt que je ſuis ſans yeux.

La Cupidité où a la Convoitiſe appetit dangereux qui s'emporte hors des bornes de la raiſon, eſt peinte nuë, avecque des aiſles, & les yeux bandez, pour montrer que c'eſt ſon ordinaire de couvrir devant tout le Monde ſes propres deffauts, de courir aprés les choſes fauſſes, ne ſe ſervant jamais de la lumiere de l'entendement.

15. Corographie.

Que ſignifient ces figures,
Que je prétens de faire avec mes inſtrumens?
Elles marquent que bien des gens,
S'ils ſavoient prendre leurs meſures,
Pourroient vivre heureux & contens.

La Corographie dont l'Etimologie, tirée du Grec, marque la deſcription particuliere d'une Ville, d'une Province, ou de quelque autre lieu, eſt figurée par une femme ſimplement vêtuë, tenant de quarré la régle & le compas, inſtrument neceſſaire à meſurer comme elle fait, le Globe de la terre par des connoiſſances naïves.

1
ROME LA SAINTE
2
SIMPLICITE
3
SINCERITE D'AME
4
SUBSTANCE
5
SCANDALE
6
SOTISE
7
SEVERITE
8
SIMONIE
9
SUPERSTITION
10
SUPERBE
11
SIMETRIE
12
TERPSICORE
13
TALIE
14
TENTATION
15
TARDIVETE

1. Rome la Sainte.

Je suis cette Babel qu'un Saint homme a depeinte,
Presque tous mes Docteurs conviennent sur ce point:
Je suis pourtant Rome la Sainte;
Je suis ce que je ne suis point.

Vous la voyez ici debout ayant au dessous de ses Armes une Robe de pourpre brochée d'or. Elle porte pour cimier sur son Heaume un caractere, qui est aussi dans une ovale, garnie de Perles au bout d'une lance qu'elle tient de la main droite, de la gauche elle tient, un Bouclier & deux clefs croisées, l'une est d'or & l'autre d'argent, avec la triple couronne, appuyant la pointe de sa lance sur un Dragon.

2. Simplicité.

Du bon vieux tems on n'étoit que simplesse,
Filles, garçons, tout vivoit sans finesse,
Ce tems n'est plus, ce tems si fort vanté,
Aussi depuis, nulle felicité.

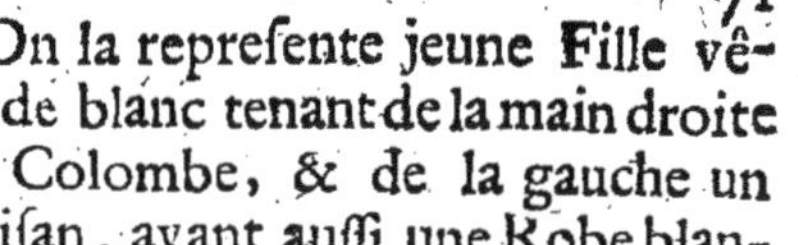

On la represente jeune Fille vêtuë de blanc tenant de la main droite une Colombe, & de la gauche un phaisan, ayant aussi une Robe blanche qui sont les symboles de la simplicité.

3. Sincerité d'ame.

On se piquoit du tems jadis,
De sincerité, de franchise:
Cette vertu n'a plus de prix,
Un coeur double est ce que l'on prise.

Elle a pour emblême une jeune Fille, sur le sein de laquelle éclate un soleil, marque de sincerité de son Ame. Aussi pour témoigner qu'elle n'a point de plaisirs qui ne soient innocents, elle est representée donnant à manger à un Poulet blanc, & tenant un lis de la main gauche.

4. Substance.

Cette terre qui nous soûtient,
Nous nourrit & nous entretient,
C'est en elle que tout abonde,
Elle suffit à tout le monde.

Cette Dame par ses mammelles qu'elle montre, pleines de lait, donne à connoistre la substance que nous tirons de la plus pure de toutes les nourritures. Les Epiers & les Pampres qu'elle porte, marquent la merveilleuse fecondité de la Terre; Mere-nourrice de toutes les Creatures du Monde.

Scan-

5. Scandale.

Quand tu vois sur ton chef les frimats & les glaces,
Tu dois prendre congé de Venus & des Graces:
Comedie, Opera, lecture d'Amadis,
Ne sont plus de saison pour gens à cheveux gris.
Viellard, songe à mourir, & quitte tes sotises,
Tu fais rire les gens, ou tu les scandalises.

Le scandale est representée par un vieillard, parce que les fautes que l'on commet en cet âge-là, sont beaucoup plus considérables que celles qui se font durant la jeunesse. Le Luth & les Cartes qu'il tient, ensemble les Livres de Romans qui se voyent à ses pieds, signifient que c'est une chose scandaleuse, de voir qu'un homme d'âge s'amuse à la gallanterie.

6. Sottise.

Nôtre siecle est fertile en Sots admirateurs,
Ainsi qu'en sots Auteurs:
Car sans ceux, que fournit la Ville & la Province,
Il en est chez le Duc, il en est chez le Prince,
Mais il est d'autres sots qui le son encor plus,
Ce sont les dissolus.

Cette Femme nuë & debordée représente la sottise, & l'humeur dissoluë de ses semblables, qui s'abandonnent aux plus vilaines actions. C'est pour cette raison que l'on la represente apuyée sur un Pourceau, le plus vilain de tous les Animaux. Elle tient aussi un croissant, Symbole de l'inconstance.

7. Severité.

Vn Prince, un Magistrat, nos Precepteurs, nos Peres,
Ne sçauroient être trop severes.

On la représente vielle, couronnée de Laurier, tenant d'une main un Cube percé d'un poignard, & de l'autre un sceptre, avec un Tigre à ses pieds, pour montrer par là, que la Sevérité convient mieux aux viellards qu'aux jeunes, & particuliérement aux Princes & aux Magistrats; & qu'au millieu des secousses qu'on luy donne, elle se trouve toûjours debout, comme le Cube, sans que les menaces ny les épées la puissent faire relacher dans la resolution de punir les vices.

8. Simonie.

Il est certains Prelats chez qui tout est à vendre
Comme on dit d'Alexandre six,
Ces Prelats sont-ils à reprendre?
D'un digne pere, ils sont les dignes fils.

Elle a sur la tête un voile noir d'autant que c'est sa coûtume de couvrir

vrir de faux pretextes les actions noires, afin de les mieux authoriser : a-
vec cela, elle porte d'une main un
petit Temple, au dessus duquel se
voit une Colombe, une Bourse de
l'autre, & ces paroles à l'entour IN-
TUITU PRETII. Par où il est
enseigné, que l'Eglise étant gouvernée par le Saint Esprit, c'est de luy
que viennent tous les biens Ecclesia-
stiques, dont le Simoniaque tâche
de profiter, lors qu'il les met à prix
d'argent.

9. Superstition.

La superstition sera toûjours demise;
L'Idolatre en convient & enpare l'E-
glise.

Cette vielle qui a sur la teste une Choüette, un cercle d'Etoilles en une main, en l'autre une Chandelle allumée, un Liévre sous son bras gauche, & à ses pieds un Chat huant, & une Corneille, tous animaux de mauvais augure.

10. Superbe.

L'orgueil, est aussi sot, comme il est
incommodé,
C'est pourtant le vice à la mode.

Elle est peinte des plus vives couleurs dans ce Tableau, où se voit representée une jeune Dame richement vestuë, portant un Paon d'une main, & de l'autre un Miroir, où elle se regarde, ce que j'expliquerois en vain, puisque toutes ces choses parlent d'elles mêmes, & sont autant de marques d'orgueil.

11. Simetrie.

Une juste proportion,
Nous garantit entout de la confusion,
Mais qu'il faut d'art & d'industrie
Pour garder cette Simetrie.

La Simetrie signifie une juste & une convenable mesure, qui se fait de toutes sortes de choses; elle est ici figurée par une Femme de singuliere beauté, bien proportionnée en toutes les parties de son corps, dont le milieu se couvre d'une écharpe bleüe, semée d'Estoiles, qui represente les sept Planetes. Elle a devant elle la statuë d'une Venus toute nuë, dont elle prend les proportions avec un Compas & une Régle qu'elle tient en ses deux mains.

12. Terpsicore.

Ne soyez pas surpris si je marche en
cadence,
Je le dois : j'inventai la Danse.

Elle est couronnée d'une Guirlande, & tient une Harpe, au son de laquelle elle semble danser.

Cette guirlande, comme j'ay dit cy-devant, étoit ordinaire aux Muses, & faites de plumes de diverses couleurs, qui sembloient estre un Trophée de la Victoire de ces belles Vierges sur les Syrénes, par dessus lesquelles elles remportérent le prix à chanter.

13. Thalie.

Chacun aime la Comedie,
A cause des charmes qu'elle a,
Et chacun doit aimer Thalie,
Car c'est elle qui l'inventa.

On la peint avec la visage folastre & lascif, ayant sur sa teste une guirlande de Lierre, une masque en chaque main, & des brodequins aux pieds, anciennes chaussures des Comediens. L'on attribuë à cette Muse l'invention de la Comedie, ainsi que le témoigne Virgile.

14. Tentation.

Nous devons tous tant que nous sommes,
Resister aux tentations:
Fuyons pour cet effet certains lieux, certains hommes,
Et certaines occasions.

Elle a pour Emblême une jeune Femme, qui tient d'une main un Réchaud plein de feu, & de l'autre un petit baston, dont elle remuë les charbons, afin que la flamme s'y prenne: car dans le sens où le mot de *Tenter* se doit prendre icy, il signifie fomenter une chose, qui a d'elle-même peu de force, bien qu'elle soit capable d'en avoir assez, & de reduire en acte les dispositions ou de l'esprit ou du corps.

15. Tardiveté.

Ce qu'aujourd'hui tu peux, à demain ne differe,
Nous le faisons pour l'ordinaire:
Mais en cela nous sommes tous.
De veritables fous.

Il est difficile de faire voir un Emblême de Tardiveté plus propre & plus naturel que celuy-cy, représenté par une Femme couronnée d'une branche de Meurier, & montée sur une Tortuë, qui est de tous les Animaux celuy qui va le moins viste; comme le Meurier est le plus tardif de tous les arbres à porter des fruits.

1. Poly-

1 POLYMNIE
2 POEME LIRIQUE
3 POEME HEROYQUE
4 POEME PASTORAL
5 POEME SATIRIQUE
6 PARDON
7 PEINE PERDVE
9 PARESSE
10 PRODIGALITE
12 PEINTURE
13 REGRET
14 RESTITUTION

1. Polymnye.

Ce que je veux montrer, & rendre manifeste,
On le void dans mes yeux, dans mon air, dans mon geste.

On peint cette Muse vestuë d'une Robe blanche, ayant la main droite haussée en action de haranguer, de la gauche elle tient un rouleau, où est écrit le mot *Suadere*: sur sa teste il y à des Pierreries qui representent les richesses de son esprit, qui paroit toûjours avec éclat dans la memoire, dans la prononciation & l'invention qui conviennent à son Art.

2. Poëme Lyrique.

Je dis en peu de mots tout ce que je veux dire,
Et je le chante sur ma Lyre.

Sa figure est celle d'une jeune Femme, qui tient de la main gauche une Lyre, & de la droite un Archet. Son habillement est de plusieurs couleurs, mais agréable à voir, & assez étroit, pour montrer que dans une seule chose le Poëte Lyrique en resserre plusieurs autres.

3. Poëme Heroïque.

Je ne chante que les Héros,
Que leurs exploits, que leurs travaux,
Que leurs revers, que leurs Metamorphoses:
Mon chant n'a pour objet que les plus grandes choses.

On le depeint habillé Royalement, avec un maintien grave, une guirlande de Laurier sur la teste, un Cornet à bouquin en la main droite, & ces mots à la gauche: *Nonnisi grandia canto*: qui signifient, que ses Vers ont pour objet les choses les plus grandes.

4. Poëme Pastoral.

Quoi que mon chant n'ait rien que de vulgaire,
Qu'un Berger, ou qu'une Bergere,
Me Prêtent leur langue & leur voix,
J'ai toutefois accès dans les Palais des Rois,
Et j'ai le bonheur de leur plaire.

Il est representé par un jeune Berger, d'une beauté naturelle & sans fard, tenant d'une main une fluste à sept tuyaux, & de l'autre une houlette, avec cette Divise: *Pastorum carmina ludo*, comme s'il disoit: Je m'entretiens des Chansons des Bergers

5. Poëme Satyrique.

Lors que je trouve un sot, je ris à ses
dépens,
Voilà quel est mon caractere,
On a beau dire, on a beau faire:
On raillera toûjours, on l'a fait de
tout tems.

On le dépeint sans habillement, avec le visage d'un rieur, un Thyrse en la main gauche, & un Ecriteau en la droite, où se lisent ces paroles: *Irridens cuspide figo*: comme s'il vouloit dire à peu prés, je raille & picque tout ensemble.

6. Pardon.

Du sang que j'ai versé j'entend la
voix qui crie,
Et monte jusques dans les Cieux:
J'ai sans cesse devant les yeux,
Cet homme dont mon fer vient de tran-
cher la vie,
Pardonne-moi, Grand Dieu, ce for-
fait odieux.

Il nous est representée par l'action d'un jeune Homme à demy nud, qui venant de se battre en duël, & de tüer son ennemy, en est touché d'une secréte repentance: ce qui fait qu'il rompt à même temps son Epée qui a fait le meurtre, & que regardant le Ciel, il demande pardon à Dieu.

7. Peine perdüe.

Cette affaire est-elle impossible?
C'est en vain que tu l'entreprens;
C'est vouloir l'Ocean tarir avec un
crible,
Prendre la Lune avec les dents;
Ou pour mieux m'expliquer encore,
C'est vouloir faire blanc un More.

Cette figure n'a pas besoin d'être expliquée, puis que la chose qu'elle demontre est si veritable, qu'elle a donné lieu au Proverbe qui dit; Que laver le Corps d'un More, pour le faire devenir blanc, on n'y perd que la lescive.

8. Perfidie.

Tous les hommes sont infidelles;
Perfides, laches, inconstans,
Disent les femmes de ce tems;
On en peut bien dire autant d'elles.

Elle vous est marquée par cette figure d'une Femme artificieuse, qui tient en chaque main un Serpent, symbole d'une extrême perfidie.

9. Paresse.

Le plaisir que produit une douce mol-
lesse,
Dit l'Esclave de la paresse,
Est l'unique qui me suffit,
Et tout autre me fait dépit.

Elle a pour Emblême une vielle Femme nonchalamment assise sur une Pierre, s'appuyant la teste sur sa main

main gauche, avec ces mots à l'entour, TORPET INERS. A ses pieds se voyent des Quenoüilles rompuës, elle tient aussi en main le poisson appellé *Torpille*, symbole de paresse.

10. Prodigalité.

Par une aveugle frenesie,
M'oubliant moi-même & les miens
Je me fais un plaisir de dissiper mes biens.
Qu'est-ce que des mortels chacun à sa manie,
L'Avare idolâtre les siens.

Vous en avez ici l'Emblême en la personne d'une Femme qui à les yeux bandez, & qui tient à deux mains une corne d'abondance renversée, d'où se pandent pesle-mesle des pieces d'or & d'argent: par où est signifié qu'elle est aveugle en sa profusion.

11. Planimetrie.

C'est par moi que le Géometre
Apprent à mesurer les Plans,
Sans moi l'on n'est jamais grand maître,
Dans les Travaux de Mars, si prisez en ce temps.

Par le mot de Planimetrie, se doit entendre cette connoissance Geometrique, par le moyen de laquelle on peut mesurer la longueur & la largeur de toutes sortes de surfaces, ce qui me semble assez bien représenté par cette Femme, qui tient d'une main le Baston de Jacob, Instrument propre pour cette opération.

12. Peinture.

Il n'est rien aprés la nature,
De plus parfait que la Peinture;
Aussi ce fut un Dieu, qui de ses propres mains,
L'enseigna jadis aux Humains.

Il nous faudroit un volume pour nous de peindre cette noble profession, mais je me contenteray de vous la representer par une belle jeune Femme, ayant les cheveux noirs & crespus; la bouche couverte d'un Bandeau, & au cou une chaine d'or où pend un masque. Elle tient d'une main plusieurs pinceaux avec ce mot pour devise, IMITATIO, & de l'autre un Tableau, & pour habillement une Robe de couleur changeante.

13. Regret.

Un pécheur que le ciel redresse,
Connoit de son crime l'horreur,
Il gemit & pleure sans cesse,
Et sans treve, son ame en ressent la fureur.

Les Regrets des fautes passées se montre par une Dame affligée, qui a le coeur rongé de vers, symboles des secrets remords de sa Conscience: Elle a les yeux fixés vers le ciel, & baignez de larmes, qui sont les marques de la douleur. Et parmy les ge-

gesnes & les tortures que luy donnent ses offenses, elle attend toute son assistance de son Sauveur.

14. Restitution.

C'est en vain qu'on gemit pour un vol
qu'on a fait,
La douleur pour ce grand forfait,
N'est pas seul ce qui rend le ciel doux
& propice,
Dieu veut un plus grand sacri-
fice,
Frape ton coeur, pleure, gemis,
Mais rends tous tes biens mal ac-
quis.

Cette Femme qui se tenant debout entre une cassette & un sac d'argent, compte d'une main à l'autre, celuy qu'elle vient de prendre signifie que la restitution du bien mal acquis se doit faire volontairement & sans y avoir du regret, puisque sans elle le pêché n'est point remis, & que c'est par elle même qu'il le faut reparer.

15. Rome victorieuse.

Maitresse de tout l'Univers,
J'ai veu mille peuples divers,
Subir le joug pesant, que tout vain-
queur impose.
Vous le scavez, peuples soumis,
Voir & vaincre les ennemis,
Fut à Rome la même chose.

Elle est représentée assise sur trois Boucliers, avec une lance à la main gauche; & derriere elle se voit une victoire aislée, tenant une Palme, qui couronne de laurier cette supe[rbe] Ville, Reine de toutes les autre[s] pour avoir Triomphé par ses Arm[es] sur tous les peuples de la Terre.

1. Ferocité.

La douceur est ce qui me touche,
Voila les attraits qu'il me faut:
Je ne trouve rien de si sot,
Qu'une Beauté fiere & farouche.

LE voicy representée par une jeu[-]ne Dame, pleine de fougue & armée de toutes pieces, d'autan[t] que les armes rendent ordinaire[-]ment ceux qui les portent plus har[-]dy & plus violent, elle tient un bâ[-]ton de chesne avec la main droi[-]te, & portant la gauche sur la test[e] d'un Tygre furieux. Elle est peint[e] jeune, parce que le sang prédomin[e] à cet âge-là, rend les Hommes ar[-]dens à tout entreprendre sans rie[n] craindre, la bâton de chesne & l[e] Tygre est le symbole des chose[s] indomptables.

2. Gé

1
FEROCITE
2
GENIE
3
IUSTICE DIVINE
4
INSPIRATION
5
ICHONOGRAPHIE
6
INDVSTRIE
7
IDOLATRIE
8
INFAMIE
9
IACTANCE
10
IGNORANCE
11
INDOCILITE
12
IRRESOLVTION
13
INIUSTICE
14
IRE
15
IMPIETE

2. Genie.

Cerés, Bacchus, & le sommeil,
ont goûter aux Mortels un plaisir sans pareil:
lais il faut qu'à leurs dons soit puissamment unie,
La faveur du Genie.

Il n'y à guere d'Emblême qui aye té representée en plus de façon que Genie, dont nous aurons occasion e parler à l'heure. Elle represente un nfant nud & d'un visage riant, vec une guirlande de pavot sur la este, des épies à une main, & ne groppe de Rasins en l'autre.

Justice Divine.

e qui doit aux mortels me rendre formidable,
Et faire fremir les méchans,
C'est que dans mes jugemens,
Je suis toûjours équitable.

Son image est celle d'une Dame e singuliére beauté. Elle a sur sa tee une couronne qui marque sa puisance, sur laquelle est une Colome symbole de l'Esprit; elle porte ne Robe tissuë d'or, qui signifie le stre éclatant de sa Justice, ses cheeux sont épars, Emblême de la grae, ses regards sont modeste, élevez ers le ciel, comme pour mepriser s choses terrestes, en sa main droite elle tient une epée flamboyante, de la gauche une balance.

4. Inspiration.

Chaque Religion a ses illuminez,
L'un fait l'homme de bien, l'autre pretend predire:
Cependant la plûpart sont méchans, obstinez,
Fourbes ennemis forcenez:
Heureux ceux que le ciel inspire!

C'est un jeune Garçon qui nous le represente qui a les cheveux hérissez, qui signifient son apprehension il regarde le ciel, d'où se lance des rayons qui luy percent le coeur, outre que de la main droite il tient une Epée nuë, qui marque que la veritable inspiration est denuée de tous ce qui peuvent blesser l'Ame; de la gauche elle tient la fleur qu'on appelle Tourne-sol.

5. Iconographie.

Mille Chefs d'oeuvre dont les Grands,
Font les superbes ornemens,
De leurs riches Palais, giroient dans la poussiere,
Si par mon art divin, qui triomphe des ans,
Je ne les mettois en lumiere.

Cette science, qui donne la connoissance des statuës antiques de Marbre & de Bronze, des Bustes, des Demibustes, des Dieu Panates, des Peintures à Fresque, des Mosaïques & des Mignatures anciennes, est representée par une femme riche-

richement vêtuë, tenant de sa main droite un compas, un marteau & un Equerre, & de la gauche une Table avec une Regle. On void devant elle une Boussole, pour montrer qu'elle ne fait rien qu'avec justesse.

6. Industrie.

Peut-on passer sans biens, heureusement la vie?
On le peut quelque fois. Qui vit plus doucement,
Que ces Avanturiers, nommez communement,
Les Chevaliers de l'Industrie?

Elle est representée par une femme qui a l'air content, tenant un sceptre de la main droite, au bout duquel se void une main ouverte, & un œil au milieu. Le sceptre marque que ceux qui ont de l'industrie, sont aussi heureux que ceux qui le portent pour gouverner les peuples: & la main & l'œil leur habileté & leur vigilance.

7. Idolatrie.

Nous n'adorons pas les faux Dieux,
Qu'adoroient autrefois nos aveugles Ayeux:
Leur superstition nous paroit même folle.
Cependant examinez-vous,
L'amour propre, ô mortels, n'est ce pas une Idole,
Que vous adorez tous.

Cette Femme aveugle, & qu[i] tient à genoux devant un Taure[au] d'airain, à qui elle donne de l'e[n]cens, represente l'idolatrie; ce qui [n'a] pas besoin d'autre explication, p[uis]qu'il se voit clairement que tou[tes] ces choses qu'elle fait sont d[es] actes d'adoration. & Abominati[on] étrange de rendre aux Creature[s] ce qui n'apartient qu'au Createur.

8. Infamie.

Aime l'honneur plus que la vie,
Plus que tous les tresors de ce va[ste] Univers;
L'indigence de tout, l'esclavage, l[es] fers,
La mort même, est un mal plus dou[x] que l'infamie.

C'est la figure d'une femme à de[mi] nuë avec des ailes de Corbea[u] joüant de la Trompe: ce qui mar[que] que le bruit de ses actions [la] noircit sans qu'elle y pense. Elle a [un] mot écrit sur sa tête, *Turpe*, pou[r] montrer que l'infamie est plûtôt ap[perceuë] perceuë par les autres que par celu[i] qui en est couvert.

9. Jactance.

Je suis une Mere feconde,
J'ai des enfans par tout le mon-de.
Quels hommes void-on sous les Cieux,
Qui ne soient point Vanteurs, parleurs, audacieux?

Elle

Elle porte une main en l'Air, une Trompette de l'autre, & une Robe toute semée de plumes de Paon, pour montrer que les Ames vaines prennent plaisir à publier leurs propres actions, & que la Superbe est inseparable d'avec la vanité & l'orgueil.

10. Ignorance.

Le siecle est éclairé, chacun le represente,
Comme le siecle des sçavans.
Cependant chose surprenante,
On n'a jamais tant veu d'Escrivains ignorans.

Les Grecs la representoient comme vous la voyez icy, par la figure d'un Enfant tout nud, symbole de l'ignorance, jointe qu'elle a les yeux bandez; elle est monté sur une Ane & tient le licol d'une main & une canne de l'autre.

11. Indocilité.

Ce n'est que les ames d'argile,
Qui se roidissent contre tout.
L'ame de bonne trempe est douce, elle est docile,
Et s'accomode à chaque goût.

Elle vous est figurée par cette Femme couchée par terre, pour montrer qu'un Esprit grossier & qui ne peut rien aprendre, est toûjours rampant, elle à sur sa teste un voile noir, couleur qui n'est point susceptible des autres couleurs, elle tient une Ane par la bride & s'apuyant sur un Pourceau, animal inhabil à tout.

12. Irresolution.

L'Irresolution fut toûjours condamnée,
Comme funeste au genre humain,
Elle l'est; rien n'est plus certain.
Donques ce que tu peux faire cette journée,
Ne le differe au lendemain.

Cette vieille Femme âgée, en fait le symbole, à cause de l'experience qu'elle doit avoir des changemens, elle est couverte sur la teste d'un linge noir, pour marquer la confusion & l'obscurité de son Esprit, elle est assise sur une Pierre, tenant de chaque main un corbeaux qui ouvre le bec, comme pour dire *Cras, cras*, Emblême de l'irresolu, qui remette au lendemain ce qu'il peut faire le même jour.

13. Injustice.

Je ne crains ni peuples, ni Rois,
Et foulant à mes pieds leurs sacrées Loix,
Je condamne, & j'absous par vangean-

geance & caprice ;
Chez moi l'on ne connoit équité, ni justice.

La Robe blanche dont cette Femme est couverte, toute semée de de taches, montre que l'injustice n'est que corruption & que souillûre de l'Ame, par le mépris qu'elle fait des Loix ; c'est pour cela qu'elle est representé foulant aux pieds la Balance, de plus par le crapaut qu'elle porte en une main, est signifié le venin, dont elle infecte les bonnes mœurs ; & par l'Epée qu'elle tient de l'autre, le violent effort qu'elle fait pour ruïner l'innocence.

14. Ire.

Je suis sortie de l'Enfer,
Et pour tout conseiller n'écoutant que moi-même,
Par un aveuglement extrême,
J'employe à tous momens & la flamme & le fer.

La colére est icy dépeinte par une jeune Dame armée de toutes piéces, & qui porte pour cimier sur son Heaume une teste de Dragon, vomissant des flammes, outre qu'elle tient d'une main un Epée, & de l'autre une torche allumée, ce qui fait voir les effets de cette passion, qui sont de porter par tout le fer & la flamme : aussi n'est-ce pa[s] sans raison qu'on la definit.

Une fureur sanglante, & de pe[u] de durée.

15. Impieté.

Les menaces du Ciel, même les plu[s] terribles,
Ne font aucun effet sur moi,
Comme je n'ai ni foi, ni loi,
Je commets sans remords mille forfaits horribles.

Ce n'est pas sans cause que pou[r] Emblême de ce vice, cette Femm[e] tient en un de ses bras un Cochon, pour montrer que comme il n'es[t] point d'Animal plus sale que celuy-cy, l'impiété de même est le plus vilain & le plus odieux de tous les Péchez, on met encore dans la main droite de cette Furie une Torche allumée, dont elle brûle un Pelican, pour montrer que toutes les actions de l'Impiété ne se raportent qu'à la ruïne de la charité, dont le Pelican est le symbole.

1. Jeu

82
1
IEU D'AMOUR
2
L'AIR
3
L'EAU
4
LA TERRE
5
LE FLEGMATIQ
6
LE MATIN
7
LE MIDY
8
LE SOIR
9
LA NUICT
10
LOY CANONIQUE
11
LOY NATURELLE
12
LIBERALITE
13
LOYAUTE
LUXURE
15
MEDISANCE

méléon, Animal qui suivant quelques Auteurs se nourrit de l'Air.

3. L'Eau.

Il n'est point d'Element de quatre que
nous sommes,
Plus nécessaire au genre humain,
Cependant mainte femme, & presque tous les hommes,
Me regardent avec dedain.

Elle est figurée par une Femme nuë, assise sur un Rivage, tenant de la main droite un sceptre, pour marquer que c'est à juste titre qu'on la nomme la Reine des Elemens, elle apuye sa main gauche sur une Urne, d'où s'épand de l'eau en abondance, ayant derriére elle quantité de roseaux.

4. La Terre.

Les Astronomes de ce temps,
M'ont mis au nombre des Planettes.
Ils ont raison: & ces Sçavans
Qui veulent s'opposer à leurs raisonnemens,
N'ont pas bien chaussé leurs lunettes,
Car je roule malgré leurs dents.

Nous la trouverons representée icy par une Femme venerable, couronnée de fleurs, tenant une corne d'Abondance, pleine de toutes sortes de fruits pour la nourriture des creatures vivantes; de la main droite elle tient un globe, pour montrer qu'el-

1. Jeu d'Amour.

Ne joüons pas avec l'amour,
Le fripon, tôt ou tard nous joüe un mauvais tour.

IL est icy representé par deux Cupidons, qui sont en action, se renvoyant la balle l'un à l'autre sans songer que les Jeux d'amour sont dangereux, puis qu'ils font souvent succomber les deux parties.

2. L'Air.

Vôtre ambition est immense,
Mortels, vous parcourez & la terre & la mer,
Pour un bien passager:
Et la mort qui survient le moins que l'on y pense,
Fait que tous vos projets sont de projets en l'air.

On represente l'Air communement par une Femme qui a les cheveux épars, & qui est assise sur un nuage, où volent divers oiseaux. Elle caresse d'une main un Paon consacré à Junon, Déesse de l'Air, de l'autre main elle tient un Caqu'elle est Spherique & immobile, comme les Anciens le prétendoient.

5. La Flegmatique.

Si je suis paresseux, c'est naturellement.
Chacun suit son temperament.

On le peint par un Homme gras & replet, le teint blanc, à cause de sa paresse. C'est pour cela que l'on met une Tortuë à ses pieds, & qu'il a une Robe fourrée de peau de Blereau, animal fort assoupi.

6. Le Matin.

Je fais à mon lever mille Metamorphoses,
D'abord de ces vives couleurs,
L'Aurore peignant toutes choses,
Vient changer en perles ses fleurs,
Sur le teint des lis & des roses.

Quelques uns l'ont representé dedans un ciel, semant des fleurs pelle-mesle, & arosant même de ses larmes celles que la Terre a produite; icy elle est peinte, Femme belle & nuë, ayant sur le sommet de la teste une étoile, representans la clartée que l'Aurore nous donne; elle tient un dard d'une main, pour marque de son ardeur à nous piquer & enflamer, le cheval Pégase, à qui l'on donne des aisles pour montrer la vitesse avec laquelle elle inspire les belles pensées aux bons Esprits.

7. Le Midy.

Que l'heure du Midi me paroit agreable;
C'est celle où l'on se met à table.

C'est Venus & Cupidon qui seront icy le symbole du Soleil, qui n'est jamais si ardent que lors qu'il est en son Midy, de même Venus & Cupidon, brulent & blessent ensemble ceux qu'ils atteignent de leurs fléches ou de leurs flames dedans le milieu de leurs âges.

8. Le Soir.

Les journées les plus charmantes,
Ont moins de charmes que le Soir,
Lors que du Firmament les Etoiles brillantes,
Commencent à se faire voir.

On ne peut mieux le representer que par une Diane, qui tient d'une main un Arc, & de l'autre de Chiens qu'elle mêne en lesse, pour montrer que de toutes les parties du jour, il n'en est point de plus propre ni de plus favorable aux Chasseurs, que le Soir.

9. La Nuit.

J'ensevelis jusqu'au retour,
De l'Astre qui donne le jour,
Dans une douce sepulture
L'homme, les animaux, & toute la nature.

C'est

C'est Proserpine, Reine des Enfers qui nous la represente, elle est couronnée de pavots, pour marquer qu'elle est Mere du sommeil, elle tient un Trident avec une torche allumée, pour montrer l'empire qu'elle a sur les tenebres, à travers desquelles il est impossible d'agir, si elles ne sont dissipées par la clarté.

10. Loy Canonique.

On void regner dans la vie,
Mille & mille déréglemens:
C'est ces abus ausquels je remédie,
Mais la plûpart du temps,
Tous mes efforts sont impuissans.

La Loy Canonique nous est representé par une Dame doüée d'une beauté singuliere, toute billante de rayons qui luy couronnent la teste, elle tient de la main droite une Balance, où d'un costé est une Couronne, de l'autre un Calice; de la main gauche elle tient une Mitre sur un Livre ouvert, & un Miroir devant elle Emblemes de la Foy, la Justice, la Dignité, la Science, la Sagesse qui est l'illustre éclat de la gloire, qui accompagnent cette Loy, sans laquelle il n'y auroit ny regle ny conduite dans les plus importantes actions de la vie.

11. Loy Naturelle.

Fai pour autrui ce que tu veux,
Justement qu'un autre te fasse.
C'est la loi du Payen, la loi même de ceux,
Qui vivent sous la grace.
Elle est écrite dans les coeurs,
Des gens de biens & des pécheurs.

Par cette Femme agréable assise au milieu d'un Jardin, & qui n'est couverte que depuis la ceinture en bas, est figurée la Loy naturelle; sa beauté nous apprend, qu'en la naissance du Monde, Dieu fit belles & parfaites toutes choses qui s'y voyent: sa nudité & sa chevelure sans art, qu'il n'y a ny fard ny déguisement en cette Loy, elle tient un Compas, où est écrit qu'il ne faut point faire aux autres, ce que nous ne voudrions pas qu'ils nous fissent; elle montre son ombre de la main gauche, pour marquer qu'elle se gouverne avec son Prochain de telle maniere, qu'elle se le rend semblable le jardin, où elle est representé le Paradis Terreste, d'où elle fut chassée & reduite à cultiver la Terre.

12. Liberalité.

La vertu des Grands de la terre,
Soit dans la Paix, soit dans la guerre,
Fut autrefois la liberalité;
Ce n'est plus là leur qualité.

Cette figure s'explique assez d'elle même par l'action d'une belle jeune Dame, qui de la main droite distribuë liberalement à des petits enfans des piéces d'Or & d'Argent, & les prend dans une coupe qu'elle tient de la main gauche.

13. Loyauté

On ne sçait aujourd'hui ce que c'est
que franchise,
Le nom de Loyauté,
Et de fidelité,
Est un nom dont on vit, un nom
que l'on méprise.

Elle se couvre d'une Robe deliée, tenant d'une main une maniére de falot ou de lanterne allumée, & de l'autre un Masque rompu en divers endroits, pour marquer qu'il est difficile de n'estre pas ennemy de ceux qui ont l'ame double, & dont l'amitié n'est que feintise & deguisement.

14. Luxure.

Sans Ceres & sans Bacchus,
Il fait froid auprés de Venus.

Voicy l'Emblême de la Luxure, sous la figure d'une Femme lascivement habillée, qui toute pensive appuye la teste sur sa main gauche, & tient de la droite un Scorpion, ayant à costé un Bouc, & un sep de vigne; Hyeroglyphe de la paillardise.

15 Medisance.

Parler incessamment des Petits & des
Grands,
Des Magistrats, des Rois, des
Morts & des Vivans,
En parler mal à toute outrance,
C'est là la Medisance.

On la peint avec deux flambeaux allumée, qu'elle tient en ses mains pour donner à connoistre que le Médisant est un vray boutefeu, & que fomentant des haines secretes, il est cause que les effets en deviennent publics, & aussi dangereux que ceux d'un brazier ardent, lors qu'il s'atache à quelque matiere Combustible aprés avoir esté longtems caché sous la cendre.

1. Tribulations.

Si tu veux dans le ciel entrer en tri-
omphant,
Tu le doit conquerir sur terre en com-
batant,
C'est par là que les Saints ont aquis
la couronne,
De l'immortailité qui les rend glo-
rieux;
Combats donc pour le ciel, puis-
que Jesus t'ordonne,
Que sur tes passions tu sois victo-
rieux.

L'Emblême de la Tribulation nous est representée par deux mains, tenant chacun une Couronne, l'une Celeste, & l'autre Terrestre, pour nous montrer, que lors que l'on combat en terre pour l'amour de Jesus Christ, contre les persecutions que l'on nous fait souffrir pour son

1
TRIBVLATIONS
2
3
4
INPRUDENCE
5
PORTE DV CIEL
6
NATURE REGLE
NOS DESIRS
7
REGARD DIVIN
8
HAYR LE VICE CEST
CONNOITRE LA
VERTV
9
10
LA VERTV EST LA
FIN DE LHOMME
11
PAIX DE CHRIST
12
EN TOVTE
ON PEUT ESTRE
13
IVSTE
14
15
LAME IVSTE

son nom, nous aurons la couronne de gloire; nous savons qu'il y à une voix qui nous dit, que *Personne ne sera couronné qu'il n'aye auparavant combatu.*

2. La Vertu fuit les excez.

Dans les extremitez toûjours l'homme s'egaré,
L'Avare & le Prodigue ont le même defaut,
Marche comme tu dois: Jamais le fol Icare,
Ne fût tombé si bas, s'il n'eut volé si haut.

Nous savons que la Vertu pré suppose l'action, ainsi le repos de la Vertu c'est le travail. Comme elle est tousjours en action, nous la trouvons presentement entre l'Avarice & la Prodigalité, leur donnant des leçons; mais toutes les deux s'offencent également. La plus vieille dit, qu'elle garde son argent pour quelque bonne occasion; & la Prodigue, qu'elle le repand pour faire paroistre sa magnificence.

3. Soif de Justice.

Venés Enfants de Dieu de la grace alterez,
Etancher vostre soif à ses canaux sacrez,
Desquels l'eau nous conduit en l'eternelle vie.
Par elle nostre coeur, s'unit à Jesus Christ,
Et nostre ame en étant d'un saint plaisir ravie,
Nous y tient atachée & de corps & d'Esprit.

Cette fontaine d'eau vive rejaillissante par ses divers Canaux, nous represente d'où distilent les eaux de la Grace, que Jesus Christ communique à ceux qui s'en approchent avec des sentimens d'humilité, de modestie & d'un cœur contriste.

4. Imprudence.

Eviter tout excez n'est pas chose facile,
Si l'un nous semble laid, l'autre nous paroit beau,
Ainsi fait l'ignorant qui conduit un vaisseau,
S'il évite carible, il se jette dans Scylle

Voicy l'Imprudence represente entre l'Avare & la Prodigalité, vices également dangereux. Cependant vous voyé que nôtre Imprudent indiscret se jette du costé de la Prodigalité, parce qu'elle luy semble magnanime, sans songer que le crime est tousjours crime.

5. Porte du Ciel.

Jesus, est cette Porte, il la presente à tous,
C'est le chemin du ciel qu'il prepare pour nous,
Et veut nous y sauver exclure personne,
Mais si nous abusons de nôstre liberté,
Et que nous meprisons les graces qu'il nous donne,
Nôtre perte viendra de nôtre volonté.

Cette Porte que vous voyez depeinte dedans le Ciel, represente la Personne de Iesus Christ, par le moyen duquel les Cieux nous sont ouverts, pour entrer dedans le Paradis, lors qu'il entend la voix de ses Brebis, & qu'elles suivent ce bon Pasteur, ils sont sauvées.

6. Na-

6. Nature regle nos desirs.

Les Loix qui réglent nos plaisirs,
Ne sont point des Loix inhumaines;
La Nature & le Ciel ne bornent nos desirs,
Que de peur d'accroître nos peines.

Vous voyez cette bonne Mere Nature, donner à ses Enfans, à chacun suivant ses desirs ; faisant voir qu'elle est la Lieutenante de la Providence, qui à tout fait avec poids, nombre & mesure, & luy à gravé dans le cœur une Loy secrete, & une régle cachée, avec lesquelles il luy est impossible de failler, à moins que corruption des Mœurs n'y viennent faire le degât.

7. Régard Divin.

Du rayon d'un des yeux de mon Divin Sauveur,
J'ay veu partir le dard qui m'a percé le Cœur,
Dés le même moment j'ai ressenti la flame,
Du feu de son amour embraser mon esprit,
Et depuis ce temps là je connois que mon ame
N'a plus d'autres desirs que d'aimer Jesus Christ.

Cet œil dont vous voyez sortir un dard qui perce un cœur, est le symbole d'un regard benin de Jesus-Christ, lors qu'il a pitié d'une An[illegible] contriste & pœnitente. Presentez-[illegible] donc vôtre cœur comme à l'uniq[illegible] objet qui en doit faire toutes les [illegible]dorations, afin qu'il le frappe de [illegible] traits amoureux, & qu'il l'enflâm[illegible] de ses ardeurs Divines.

8. Haïr le Vice, c'est connoistre [illegible] Vertu.

Plus le vice est horrible, & plus il [illegible] d'appas:
Il va toûjours en marque, & n'e[illegible] rien que feintise;
Aussi c'est aux rochers, qui ne pa[illegible] roissent pas,
Que le Nocher se trompe, & la Bar[illegible] que se brise.

Voicy l'explication de cette si[illegible]militude representée par la Sagess[illegible] au milieux d'une bande des volup[illegible]tueux, qu'elle harangue avec tant d[illegible] éloquence, qu'elle sçait tirer la ver[illegible]tu du vice, comme une celeste Gouvernante, qui fait par la remonstrance rentrer les criminels dans le devoir, & avoir horreur pour soy-mêmes.

9. Cœur Illuminée.

Jesus éclairera du feu de son amour
Le cœur de ses enfans, & la nuit & le jour,
Et leur communiquant ses celestes lumieres,
Ils pourront pénétrer par les yeux de la Foy

Jus-

12. En toute condition on peut estre heureux.

En tous lieux la vertu se trouve,
Chacun peut en tendre sa voix ;
Et Bien souvent on la découvre,
Telle parmi le bruit du louvre,
Qu'elle est au silence des Bois.

Cette Embleme est representée sous la Figure d'un Roy, d'un Magistrat & de Diogéne, s'epandans la sagesse qui est égallement necessaire à tous les Hommes, leur est aussi également favorable : Elle a de l'amour pour tous quiconque la desire, la possede, & si elle nous échappe ce n'est jamais par sa rigueur, ny par sa legereté, mais par nôtre negligence, ou perfidie ce qui fait qu'un Roy devient Tiran, qu'un Magistrat est inique, ainsi en est il des autres conditions.

13. Candeur de' Ame Juste.

Comme nous admirons dans le lis la candeur,
Et que par tout il fait ressentir son odeur,
De même on voit du juste esclater l'innocence,
L'odeur de ses vertus se repend en tous lieux,
Et Dieu pour l'exalter la met en evidence,
Et le fait exaler jusques dedans les Cieux.

La Main qui tient un Lis, qu'elle porte jusques dans le ciel, represente l'innocence de l'Ame juste car comme le Lis, outre sa beauté répend son odeur jusques au dela des lieux où il fleurit, de même le juste fait exaler ses vertus sur la terre, & la candeur de son Ame est comme cette belle fleur devant les yeux de Dieu.

14. Guerison salutaire.

As-tu dans l'un des yeux quelque tache un peu sombre,
Tu veux que l'oculiste en arrête le cours :
Ton Ame cependant souffre des maux sans nombre,
Et tu la vois perir sans luy donner secours.

L'explication de cette Embleme se trouve renfermée par quatre figures, la premiere est un riche usurier qui pour un mal dedans l'œil fait qu'il crie au secours, sur quoy la sagesse entre avec le temps qui luy offrit assistance, mais cet Aveugle volontaire les rebute & se recrie aprés l'oculistes, qui fait son operation & donne soulagement à son oeil, pendant qu'il laisse gangrené son Ame.

15. L'ame Juste.

Le Juste en ses travaux n'est jamais abatu.
Il est inebranlable, & sa grande vertu,

Fait

1
TOURMENT D'AMOUR
2
TROMPERIE
3
TIRANNIE
4
VERTU
5
VERTU INVINCIBLE
6
VERTU DE CORPS ET DE COURAGE
7
VIE ACTIVE
8
VIE HUMAINE
9
VIE INQUIETE
10
VIE CONTEMPLATI VE
11
VRAYE SAGESSE
12
URANIE
13
USURE
14
VENGEANCE
15
VICE

Fait que dans tous ses maux son cœur est toûjours calme,
Car le juste ayant Dieu sans cesse pour objet,
On le voit qu'il fleurit tout ainsy que la palme,
Et son esprit par tout se montre satisfait.

Cette Palme fleurie, est le symbole de l'Ame juste, à la quelle Dieu donne la force de resister aux attaques de l'ennemy de nostre foi, & comme la palme devient plus forte & plus vigoureuse lors que le violence des vents la veut ébranler, ainsi l'Ame juste fait paroitre sa force & sa vertu contre les afflictions qui luy arrivent.

1. Tourment d'Amour.

On a dit depuis fort longtems,
Que si l'Amour a des tourmens,
C'est la faute de ceux que cet enfant enchante:
Quoi qu'il en soit l'Amour tourmente
C'est donc un sot mêtier que celui des Amans.

L'Amour à tant de manieres de tourmenter ses enfans qu'il seroit impossible d'en depeindre le nombre, celuy-cy, nous est representé par une jeune Fille, qui est courtement vetuë qui se laisse perser, le coeur par une Colombe, & qui porte un cœur enaflmé sur la teste.

2. Tromperie.

On crie contre les Trompeurs,
Cependant au siecle où nous sommes.
La Tromperie, au grand mépris des moeurs,
Est la vertu des Grands, même de de tous les hommes.

Voicy l'Embleme de la tromperie, representé par un viellard monstrueux, le corps duquel aboutit à deux queües de serpent, enlacées l'une dans l'autre, il tient d'une main trois hameçons, & de l'autre un bouquet de fleurs, d'où sort une couleuvre, ayant une Panthéne à ses pieds, symbole de la tromperie.

3. Tirannie.

Ce qui cause toûjours les miseres publiques,
Est que chaque Gouvernement,
J'en excepte les Republiques,
Veut agir Despotiquement.

Cette imperieuse Maistresse a toute le convenance requisse pour representer la Tiranie. Elle est Armée, se tenant debout, au lieu de sceptre elle tient une Epée nuë, sa couronne est de fer, qui avec le joug & le mords qu'elle tient, remplit fort bien son emblême.

4. Vertu.

Si l'on voyoit la vertu toute nuë,
On l'aimeroit, j'en suis certain:
Mais quel est le Mortel, dont elle
soit connuë,
Ce n'est pour eux qu'un nom, &
même qu'un nom vain,
Comme le disoit un Romain.

C'est une jeune Fille agréable & belle qui nous la represente; chacun sçait que la vertu ne vieillit jamais. La beauté de son visage est un symbole de son Esprit, elle a des aisles au dos, & tient une pique de la main droite, & en la gauche une couronne de laurier, & a un soleil sur son sein.

5. Vertu invinçible.

Il n'est rien de possible,
Dont je ne vienne à bout,
En un mot, je suis invincible,
Et je triomphe de tout.

Sa peinture est celle d'une Pallas; ayant un Heaume sur la teste, une Lance en la main droite & en la gauche un Bouclier, où se lisent ces paroles: *Nec sorte, nec fato*: qui signifient que la vertu triomphe de toutes choses.

6. Vertu de Corps & de courage.

La force du corps, le courage,
Sont un grand bien sans contredit,
Mais sans la force de l'esprit,
C'est un trés petit avantage.

Elle est representée par un Hercule tout nud, tenant sa Massuë d'une main & menant de l'autre un Lion & un sanglier, qui marchent ensemble; le Lion est le symbole du Courage & par le Sanglier est denotée celle du corps.

7. Vie active.

Le Quietisme me déplait,
Il hai cette sainte paresse,
Il faut que j'agisse sans cesse;
L'inaction n'est pas mon fait.

On le peint en Homme d'âge, & robuste, qui porte un grand chapeau sur sa teste, une Beche en la main droite, & en la gauche un soc de charuë, pour montrer que de tous les exercices, l'Agriculture est le plus agissant, & le plus necessaire à la conservation de l'Homme. Michel l'Ange representa la vie Active sur le Tombeau de Jules II. par la Fille de Laban, à laquelle il fit tenir un Miroir d'une main & de l'autre une guirlande de fleurs.

8. Vie humaine.

Vous vivez, ô Mortels, mais vous
sçavez à peine,
Ce que c'est que la vie humaine.
Voyez-en le portrait naif,
Elle est ici depeinte au vif.

On la represente par une Femme vestuë de verd, ayant sur la teste une guirlande faite de l'herbe que l'on appelle *semperviva*, ou Toûjours vive,

vive, & au dessus de cette guirlande un Phenix, outre qu'elle tient en la main gauche, une Lyre avec un Archet, & en la droite une Coupe, dont elle se sert à donner à boire à un Enfant.

9. Vie inquiéte.

Ne cherche pas hors de toi-même,
Le mouvement perpetuel:
Sysiphe est ton portrait, miserable mortel,
Dans son inquietude extrême,
Et vous ne differez en rien;
Il roule son Rocher; & tu roules le tien.

Pour faire voir que la vie des mortels est sujette à une perpetuelle inquietude, il ne faut que se representer la figure de Sysiphe; lequel au dire des Poëtes ne cesse jamais de porter une grosse pierre sur une haute Montagne. Ce mort est le symbole de nôtre vie, son sommet marque la tranquilité où chacun aspire; & la grosse pierre que porte Sysiphe signifie la peine & le soin qu'un chacun prend pour venir à son but.

10 Vie contemplative.

Les biens que l'homme aveugle prise,
Je les foule, je les meprise:
La terre & ses tresors je les conte pour rien;
M'attacher à Dieu c'est mon bien.

On la dépeint en deux façons: premierement par une Femme nuë qui éleve au Ciel une de ses mains ouverte, & tient de l'autre un Ecriteau, où se lisent ces paroles tirées des Pseaumes: *Mihi in hærere Deo bonum est.* qui signifient qu'il est bon de s'attacher à Dieu. En seconde lieu on la represente par une Femme qui tourne ses regards vers le Ciel, d'où luy viennent des rayons de lumiere, ayant des aislerons sur la teste pour signifier l'élevation de l'entendement, qui n'abaisse jamais les pensées aux choses viles & corruptibles, mais les porte toûjours en haut.

11 Vraye sagesse.

Dans ce siecle de fer j'ai peu de Sectateurs,
Les hommes aiment les grandeurs:
Et la veritable Sagesse,
Declame contre elles sans cesse

Cette vertu n'ayant rien que de céleste n'est pas mal representée par une Femme bien haute élevée pardessus la Terre. Elle est presque toute nuë, ayant des aisles au dos, des rayons qui l'environnent, & des nuages sous les pieds. Toutes ces choses ensemble signifient qu'elle foule ce bas lieux, dont les broüillars & les nuages sont les Symboles: que sa nudité luy plait, estant dépouillés des grandeurs & des richesses du Monde.

12. Uranie.

Digne de mon nom glorieux,
J'éleve les sçavans jusqu'au plus haut
des cieux,
Et je connois aussi sans nuage &
sans voile,
Le mouvement de chaque Etoile.

Elle est vestuë de couleur d'azur, couronnèe d'étoiles, & soûtient des deux mains un grand Globe. Cette Muse celeste est dite d'un mot grec, qui signifie le ciel, à cause qu'elle y éléve les Hommes sçavans, voilà pourquoy elle porte la couronne d'étoiles & le Globe sphérique.

13 Usure.

L'Usure est de tous les mêtiers,
Le plus infame & le plue lâche;
C'est pourtant le seul que je sache,
Que l'on fait le plus volontiers.

Elle est assés bien representée par une Femme réveuse, qui d'une main compte de l'argent, & tient de l'autre une coupe, d'où pendent des chaines d'or & des Perles, pour faire voir qu'elle ne prête jamais que sur des bons gages, pour s'assurer d'un interêt exorbitant, action deffenduë par les loix Divines & humaines.

14. Vengeance.

La fureur, l'horreur, & la rage,
Qui sont peintes sur mon visage,
Font voir que veritablement,
Nul ne m'offense impunément.

On vous la depeint en Femme irritée, qui de la main droite tient un poignard tout nud & se mord un des doigts de la main gauche, devant elle est un Lion qu'une fleche dont il est percé, rend comme furieux, symbole de la vengeance.

15. Vice.

Tout est souillé des ordures du
vice,
On ne void rien que fraude & qu'-
injustice,
Le coeur de l'homme est double &
plein de fiel,
Et la vertu n'est plus que dans
le ciel.

Il est icy figuré par un Hydre à sept testes, qu'un jeune Homme caresse; aussi n'est-il que trop véritable qu'en cet âge-là, plus qu'en tout le reste de nôtre vie, nous courons après le vice, avec tant d'aveuglement, que nôtre perte est inévitable, si la Raison ne s'y oppose d'abord, & ne nous empêche de tomber dans le precipice.

1
TEMPERANCE
2
NATVRE ET NOURITVRE
3
LEXCELENCE DES LARMES
4
NOURITVRE SVRMONTE NATVRE
5
PRIERE DU IUSTE
6
PVRETE DE COEVR
7
PVRETE DE COEVR
8
PVRETE D'AME
9
PENITENCE
10
TRIOMPHER DU VICE
11
COEUR IUSTE
12
LA VERTV PRESUP POSE L'ACTION
13
PAROLES DV SAGE
14
15
RESPECT SACRÉ
IE SVS

1. Temperance.

Ces vases & ces mains marquent la Temperance,
Que l'homme doit avoir s'il veut que la prudence,
Accompagne toûjours toutes ses actions.
Car quiconque au manger ne se montre point sobre,
Il est certain qu'il est plain d'imperfections,
Et qu'au lieu de vertus il se remplit d'oprobre.

Cette Main qui tient un vaze plein d'eau, qu'elle verse dans une Coupe tenuë par une autre, signifie la Temperance, particulierement dans les delices du goust, où l'Homme doit estre moderé, s'il veut conserver la raison.

2. Nature & nourriture.

Ne te promets pas tant des soins de la Nature,
Il faut que ton travail accompagne le sien:
Le champ le plus fertile a besoin de culture;
Et si le laboureur ne l'en semence bien,
Il ne recueille rien.

Cette Embleme nous est representé par trois figure, la premiere c'est mere nature qui vient repersenté avec une pudeur extrême, sa foiblesse à la sagesse luy montrans qu'elle est à demie nuë, elle reçoit une reponce favorable & parle à la Déesse des Arts & des sçiences, ils raseurent cette innocence infortunée, lui échauffe le cœur, luy inspire la force, & luy aprenne l'usage des armes & lui promete de ne la point abandonner qu'elle n'aye vaincu ses ennemis, c'est ainsi que la Nature commence & la nourriture acheve.

3. L'excellence des Larmes.

Pour avoir de la joie il faut semer des pleurs,
Pour jouir des plaisiers souffrir mille douleurs,
C'est par là que du ciel nous rencontrons la voye
La tribulation doit faire nos desirs;
Ainsi semant de pleurs, on recueille la Joye,
Et souffrant de douleurs on trouve des plaisirs.

Ces yeux qui regardent le Ciel & qui

qui versent des larmes, nous signifient que ceux qui les repandent sur la terre pour les Pechez qu'ils ont commis, trouveront leur consolation devant Dieu, où ils verront leur tristesse changée en joye, & leurs douleurs convertis en plaisirs.

4. Nourriture surmonte nature.

Quiconque a des enfans aux vices abandonnez,
N'a point d'excuses legitimes:
Car sous quelque ascendant que ces monstres soient néz,
La seule nonchalance a causé tous leurs crimes.

La sagesse nous veut faire voir l'Empire qu'elle à sur la Nature par l'Embleme de Lycurgus qui tient une cable où il a fait graver des Loix lesquelle il montre au peuple qui le trouvoit étrange & inpraticable, cependent aprés avoir veu un Leverie, garder la cuisine pendant qu'un matin poursuit un Lievre, il conviene que le ducastion fait tout, & que la nourriture surmonte la nature.

5 Priere du Juste.

Lors que le juste prie & qu'il s'adresse aux Cieux,
Dieu sur son oraison jette toûjours les yeux,
Et pour ce qu'il demande il a l'oreille ouverte;
Mais pour des criminels il n'a que de regards,
Pleins d'indignation qui temoignen leur perte,
Et vont lancer sur eux le feu de toutes parts.

Cette Embleme est representé pa des yeux & des Oreilles qui sont dan le ciel pour faire voir que Dieu a toûjours des yeux & des Oreille pou écouter la Priere du juste qui est comme une confidence de l'ame à son créateur pour luy confesser ses Pechéz.

6. Pureté de cœur.

Suce avec le lait, ce noble sentiment,
Que l'amour des vertus donne aux Ames bien nées;
Nos coeurs sont des vaisseaux qu gardent constament,
Les premiers odeurs que l'on leur a données.

Il ne se peut rien voir de plus naive que cette Embleme pour representer la pureté d'un Cœur, vous voye une menagerie ou ceux qui sont s'occupe à la visite des vasseaux quoy qu'i n'aye esté mis rien d'impure dedans pour nous montrer que quoy que nous n'ayons ce nous semble point de mauvaise inclination dans le cœur, il ne fau pas laisser que de s'élever journellement au ciel.

7. Pu

7. Pureté de Cœur.

Nostre Cœur plaît à Dieu, quand on le lui fait voir
Pur & net, sans pêché; & quand en son devoir
Il marche dans les loix qu'en terre il nous a mises,
S'il garde exactement tous ses Commandemens,
Ses mœurs, ses actions seront toutes soûmises,
A suivre de Jesus les Divins mouvemens.

Cette Embleme nous est representé par un Cœur peint dedans les Tables de la Loy, qui signifie la pureté de celuy de l'homme, lequel accomplissant sur la terre les Commandemens que Dieu luy a prescrit, reçoit de la bonté des faveurs si extraordinaires, qu'il se communique tout à luy, & rend son ame si pure, qu'elle ne s'applique qu'à le connoistre, à le desirer, & à se conformer à ses volontez.

8. Pureté d'Ame.

Reformons nostre vie; épurons nos pensées,
Afin que les vertus se plaisent dans nos cœurs.
Les essences du Ciel, comme d'autres liqueurs,
Prennent le goût du vase où l'on les a versée.

Vous trouverez le Symbole de la pureté de l'Ame, representée par des sages œconomes, qui voulant faire leurs provisions de liqueurs, veulent connoistre la qualité du vase, avant que de le verser dedans, pour nous advertir qu'une ame qui est pure & qui veut conserver cette pureté, doit s'éloigner de toute convoitise terrestre.

9. Penitence.

Je n'ay peu devant Dieu reparer mon offence,
Qu'en excitant mon Cœur à faire penitence,
Je l'avois offencé, mais il m'a pardonné;
Les cordes & les fouëts ont effacé mon crime;
Pecheur si comme moy tu tes abandonné,
Fais tout ce que j'ay fait comme ce cœur t'exprime.

Cette main qui tient un Coeur chargé de fouets, & qui distile des larmes, nous represente la Penitence, par le moyen de laquelle nous retournons á Dieu, lors que nous nous en sommes éloignez par le pêché, & qu'elle nous fait trouver grace auprés de luy.

10. Triompher du Vice.

Si tu veux triompher du Vice,

Qui combat jour & nuit pour te vaincre le cœur,
Fui, mais comme le Parthe, & pour être vainqueur,
Use tantost de force, & tantost d'artifice.

Cette Emblême nous est representé sous la figure de la sagesse qui retire un jeune Homme du milieu d'une troupe d'audacieux qui ont tous ce qui peut rendre une jeunesse susceptible de plaisir.

11. Cœur du Juste.

Au milieu de ton cœur porte toûjours tes yeux,
Afin de mieux trouver le vray chemin des Cieux,
Si Salomon l'a dit dans l'Ecclesiastique,
C'est pour regarder Dieu que tu dois adorer,
En contemplant toûjours son œuvre magnifique,
Et qu'éternellement tu le puisse loüer.

Ces Yeux au milieu d'un Cœur, nous montrent que les nostres doivent estre toûjours sur nôtre cœur, & que comme nous ne le devons porter qu'à Dieu, qu'aussi nos yeux le doivent continuellement suivre, & que l'un & l'autre ne s'en éloignent jamais.

12. La Vertu presuppose l'action.

Il faut agir incessament,
Et [illegible]nir l'Ame en exercice,
Car par l'Action seulement,
La vertu differe du vice.

Ce Symbole nous est representé sous des figures qui sont dedans l'innaction, vous y voyés un Philosophe assis proche d'une Ane, une Déesse, appuyé sur sa teste, pour nous montrer que ceux qui ont aquis quelque vertu en ce monde, il faut toujours cultiver ses belles qualités, de crainte qu'elle ne déperissent.

13. Paroles du Sage.

Le Sage met sa bouche au milieu de son cœur,
Et l'on ne l'entend point faire un discours moqueur,
De ses ennemis même il parle avec estime,
Il cache leurs pêchez lors qu'ils en ont commis,
Car s'il les découvroit, il croiroit faire un crime,
Ainsi par tout endroit il se fait des amis.

La parole du Sage ne peut estre mieux representé que sous l'Emblême d'une main qui tient un cœur au milieu duquelle est une Bouche pour nous montrer que l'Homme doit être retenu en ses paroles, & que comme la Bouche exprime les pensées du coeur, aussi nous devons estre circonspects dans nos discours.

Qui

1
PROVIDENCE
2
AIME LA VERTU POUR SES QUA
3
DIEU SEUL N'A POINT DE MAITRE
4
FRUIT CELESTE
5
L'IMPIETE CAUSE TOUS LES MAUX
6
LES MECHANS SE PUNISENT L'UN L'AUTRE
7
BEAUTE DE L'AME
8
COMPLAISANCE
9
PURETE DE L'AME
10
EXCES DE LA BOUCHE
11
VOLUPTEZ
12
PATIENCE DES MARIS
13
CONSIENCE INVINCIBLE
14
BONNE SECRETE
15
VERTU IMMORTEL

14. Qui ne commence jamais n'acheve.

Cours aprés les traveaux où la Vertu t'appelle;
Surmonte constamment toute difficulté,
Quand un Cœur genereux adore une beauté,
Est-il quelque tourment qu'il ne souffre pour elle?

Voicy une Emblême bien significatif, c'est un vieillard qui est appuyé sur une baiche à remuer la terre qui regarde un jeune homme qui travaille à une Muraille voulant nous insinuer par là qu'il y a des pêcheurs endurcy qui ne peuvent travailler à leur regeneration, & qu'il s'en trouve des jeunes plus avisé.

15. Respect sacré.

En mon cœur est gravé dedans comme dessus,
Le nom saint & sacré de mon Sauveur Jesus,
Par lui seul tout flechit & le Ciel & la Terre,
Rien ne peut resister à son Divin pouvoir;
Cet adorable nom fait aux Demons la guerre,
Sur tout quand on le nomme, ou qu'on le leur fait voir.

Ce coeur ou est écrit JESUS, montre que ce Nom saint & sacré doit estre gravé dans le nostre, en sorte qu'il n'en soit jamais effacé, parce qu'il est la source de tous nos biens.

1. Providence.

De même que David, porte les yeux vers Dieu,
Adore sa grandeur en tout temps, en tout lieu,
Et regarde toûjours sa Divine puissance,
Ils ne nous sont donnez que pour être témoins,
Des grands biens que nous fait sa sainte providence,
Et pour faire admirer les œuvres de ses mains.

L'Emblême de la Providence nous est icy representé par des yeux dont les regards sont élevez au Ciel pour nous montrer qu'ils n'ont esté donnez à l'Homme que pour regarder Dieu, adorer sa puissance, contempler sa grandeur, & admirer sa divine Providence.

2. Aime la vertu pour ses qualitez.

Si de peur du supplice, & non de peur du crime,
Tu t'abstient des tresors à tu garde commis,
Ta justice apparente est indigne d'estime,

Le larcin n'est pas fait, mais le crime est commise.

Ce symbole nous est representé sous la figure d'une troupe d'Hypocrites de toutes conditions, qui se rencontrent dedans un lieux où il y a plusieurs vases d'or & d'argent avec de l'argent monoyés, mis exprés pour les tenter, mais leurs avidité de les posseder, est retenuë par la presence de la Déesse boiteuse Nemisis, qui les observe ayant diverses diciplines en main.

3. Dieu seul n'a point de Maitre.

Mortels, il est un Dieu, vous en étes l'image,
Aimez-le comme tels, & reverés ses Loix;.
La foy qui de vos cœurs exigés cet hommage,
L'exige également des Bergers & des Rois.

Voicy une Embleme qui s'adresse aux Princes qui ont une Ame ambitieuse & brutale qui ce figure, que la Religion est le partage des peuples, & qu'ils peuvent regner sur les biens, la vie & la conscience; mais attende vous connoitre un Dieu vangeur, & cepandent considerez la Peinture de ce bon Roy qui Harangue son peuple assemblé, rendans Justice à la veuve & à l'Orphelin, assitans les pauvres & reçoit les persecutés, pour le nom de Christ, avec affection.

4. **Fruit celeste.**

Que le Juste est heureux & qu'il est satisfait,
De ce qu'ayant vescu comme un homme parfait,
Il reçoit du Seigneur des faveurs sans exemple,
Il voit que ses plaisirs surpassent ses ennuis,
Et que pour l'honneur, Dieu le met dans son Temple,
Ainsi qu'un Olivier, quand il est plein de fruits.

Pour faire allussion de l'Homme juste nous avons pris l'embleme d'une Olivier chargé de fruit, puisque le Roy prophete a bien dit *Je suis comme un Olivier fertile en la Maison du Seigneur* puis qu'étans remply de fruit celeste par les moyens desquelles il assiste & secourt son prochain dans ses miseres il est comme l'huile qui est la liqueur de cet arbre qui sert à honorer le Temple de Dieu, de même le fruit des vertus de l'Homme est agreable aux yeux de sa divine Majesté.

5. L'impieté cause tous les maux.

Si le glaive & la flame ont les champs desertez,
Les Temples abattus, & les Villes brûlées:
Si tu vois au Tombeau tes fils precipitez,
Et traîner aux cheveux tes filles desolées

Toy,

Toy par qui tant de loix ont été violées,
Sache que c'est le fruit de tes impietez.

Le symbole de l'impieté nous est representé par un Temple brûlé & abatus, & par de personnes massacré & les peuples menée en Captivité & autre cruautés semblables.

6. Les Méchans se punissent l'un l'autre.

Tragiques instrumens des vengeances celestes,
Monstres dont la fureur se déborde sur tous,
Regardez ces boureaux inhumains comme vous,
Bientost vous sentirez leurs atteintes funestes.

La justice éternelle qui ne laisse point de crime impunis, nous est icy representé par une ville embrasé de lieux patibulaire des Bourreaux qui massacre indifferemment tous ce qu'elle rencontre, mais la Déesse Nemisis, quoi que boiteuse sçaura bien les atraper & les punir.

7. Beauté de l'Ame.

Jamais dans l'Arc-en-ciel on ne voit de noirceur,
Il se forme toûjours des plus vives couleurs,
Et c'est aussi pourquoi le Juste lui ressemble.
Car si l'Iris est beau, le juste est sans pareil,
L'éclat de ses vertus qu'en son Ame il assemble,
Fait qu'on le lui compare aussi bien au Soleil.

Pour remplir le Symbole nous nous servirons de la figure de l'Arc-en-ciel, qui nous representera la beauté de l'Ame de l'Homme juste, car comme l'Iris est composé de couleurs les plus belles, de même, *Le Juste est eclatant comme l'Arc-en-Ciel entre les petites nüées de gloire.*

8. Complaisance.

Les Amis doivent tour à tour,
Se témoigner leur déferance,
Ceux-là n'ont pas beaucoup d'amour,
Qui n'ont pas gueres de complaisance.

Cette Emblême nous est representé par deux Freres d'un temperament opposé l'un à l'autre, l'un aime l'exercice du corps, l'autre de l'esprit. Ce sont Amphion & son frere Zethes, ce determiné chasseur qui n'aime que la chasse & le son de son Cor, enroüé son Frere Amphion n'aime que la Lyre: cependant lors qu'elles se visitent, la complaisance fait qu'ils quitent leur plaisir.

9. Pureté de l'Ame.

Le Lys par sa blancheur marque la châteté,
Et

Et se compare au Juste en qui la pureté
N'admet dedans le cœur qu'une divine flame,
Jamais l'amour mondain n'y peut porter son feu,
Les sentimens impurs ne touchent point son ame,
Et s'il aime, on connoit qu'il n'aime rien que Dieu.

Ces Lys sur le bord d'un ruisseau nous remplirons cette Embleme, ils sont planté hors du passage des hommes, pour representer la pureté de ceux qui se retirent des occasions du pêché pour ne penser qu'à Dieu, pour se conserver par devant luy, & pour n'aimer que luy.

10 Excés de la bouche.

Monstre que l'on voit toûjours yvre,
Pourceau dont le ventre est le Roy,
A tort tu te vante de vivre,
Ceux qui sont au tombeau, n'y sont pas tant que toy.

Voicy une Yvrogne qui vous representeras l'excez de la bouche, il a fait comme ceux qui ne considerent le vice que par le beau côté, il n'a jugé du vin que par le goût & n'a pensé ny à la force ny à la malignité de ses fumées, ce-cy nous est mis devant les yeux pour nous recommander la Prudence, la sobrieté, & la vigilance.

11. Voluptez.

Bale, Masque, Brelande, Yvrogne fait l'amour:
Sois tout aux Voluptez, & le possede toutes:
Bientôt la pauvreté, la gravelle, ou la gouttes;
Et mille autres douleurs qui viennent à leur tour,
Te feront par de long supplices,
Payer á chaque heure du jour.
Le cruël interest de tes courtes delices.

Il ne faudroit pas estre du monde pour ne pas estre persuadé que le Bale, le Jeu, le Vin & l'Amour, font les plus ordinaires & les plus delicates liaisons de la conversation civilisée, la cour & les Bourgeois tout y courent jusques aux anciennes Meres de familles, qui sa privoise par la galante communication des coquettes

12. Patience des Marys

On tient qu'un Homme doit passer
Pour un lâche & pour un infame,
Quand il endure que sa femme
Le coiffe d'un pot á pisser.
Socrates cependant, ce Docteur authentique,
Soûtient publiquement que c'est une vertu,
Quant à moi qui toûjours ay craint d'être battu,
Je pense que la chose est fort problematique.

Voi-

Voici la peinture de Socrate & celle de sa Femme qui nous serviront pour remplir cette Emblême, ce bon homme se voyant sur le retour de l'âge, crut & soutient qu'il étoit necessaire qu'il y ait des méchantes Femmes qui comme des furies domestiques, ayant le foüet à la main, & le blaspheme à la bouche, afin d'exercer la sagesse, la vertu & la patience des Hommes.

13. Conscience invincible.

L'innocence est un mur d'airain,
Que nul effort ne peut détruire;
Le Cœur où l'on la voit reluire,
Ayant un pouvoir souverain,
Ne voit rien qui luy puisse nuire.

La Conscience invencible nous est representé sous la figure d'une Homme sage qui a pour toute compagnie de livres de science, & de pieté, en cette action la renommée, le vient surprendre avec deux trompetes bien differente, l'une pour chanter ses loüanges & l'autre pour le blâmer, mais nostre sage philosophe la prie de se retirer & qu'elle ne peut lui donner d'audience.

14. Bonne seureté.

Une Ame vrayement heroïque,
Trouve par tout, des lieux de seureté,
Et vit même en tranquilité
Parmy les Monstres d'Afrique.
Le Sage qui sçait que la vie,
N'est que le chemin de la Mort,
Ne craint jamais d'aller au port
Où sa Naissance le convie.

La meilleure seureté de l'Homme c'est la bonne conscience, la voici peinte par un Voyageur qui ne porte ni verge ni batton, & même méprise des Armes qu'il trouve en son chemin quoi qu'ils voyent divers sortes de Monstres sur sa route.

15. Vertu immortel.

La vertu nous arrache à la fureur des
Parques,
Alcide en la suivant est monté dans les
cieux;
Et ses chers Nourissons, soit Bergers,
soit Monarques,
Sont mis sans difference à la table des
Dieux.

Voicy la vertu immortel, representé par le Dieux Mercure qui enleve aux cieux deux Heros de la Grece, pour avoir passé d'un bout du Monde à l'autre, pour exterminer les plus effroïables monstres, je veux dire l'ignorance & le vice, en joignant les Armes aux Lettres, & la politique à la Morale, ont merité que la Vertu elle-même, les mît en possession de la gloire qu'ils s'étoient acquise par deux de si belles & difficiles voyes.

L'O-

1. Orient.

La jeunesse est toûjours charmante,
On cherit, on adore une beauté naissante;
On est toûjours vif & riant,
Quand on est dans son Orient.

Nous répresentons icy l'Orient en l'âge d'enfance, parce qu'ayant à diviser le jour en quatre parties il n'est pas mal à propos qu'en la premiere il paroisse Enfant, en la seconde jeune Garçon, en la troisiéme Homme fait, en la quatriéme vieillard. Il à une ètoile resplendissante, sur la tête, son habillement est rouge orné d'une ceinture d'un bleu turquin, ou se voyent trois signes. Il tient de la main droit un bouquet de fleurs, & de la gauche un vase de perfums, à son costé un Soleil levant.

2. Le Midy.

Lors que l'Astre du jour luit du milieu des cieux,
Lors qu'il regarde à plomb, alors il fait le More,
Et ces deserts brûlans inhabitez encore,
Comme du temps de nos Ayeux.

Il est figuré par une Jeune More qui le Soleil donne à plomb sur la teste, son habillement est rouge & sa ceinture bleu turquin, où sont trois signes. Il tient deux fleches d'une main & de l'autre un rameau d'un Arbruisseau, appellé Lotte, qui au rapport des Naturalistes, suit le Soleil.

3. Septentrion

Les Peuples Septentrionaux
Sont vaillans, nez pour les travaux,
Ennemis de la Paix, quand une aveugle envie
Les porte à se vanger aux depens de leur vie:
Leur Climat tout de glace, éloigné du Soleil
Peut fort bien s'appeller un Climat sans pareil.

Sa figure est celle d'un Homme d'âge bien fait, couvert d'Armes blanches, en action de mettre l'èpée à la main il porte une écharpe bleu avec trois signes du Zodiaque.

4. l'Occident.

Quand le Soleil a fini sa carriere,
Quand on ne void plus sa lumiere,
Et que dans la sein de Thetis
Ses rajons sont ensevelis,
Tout est calme pour lors, tout est sans violence,
C'est le temps du repos, c'est les tems du silence.

Il

1
ORIENT
2
MIDY
3
SEPTENTRION
4
OCCIDENT
5
ARISTOCRATIE
6
DEMOCRATIE
7
MONARCHIE
8
MAGNANIMITE
9
MAGNIFICENCE
10
MEDIOCRETE
11
MISERE DU MONDE
12
MEDITATION DE LA MORT
13
MEDITATION SPIRITUELLE
14
MALIGNITE
15
MAUVAISE FORTUNE

Il eſt dépeint en vieillard, ayant une Robe de couleur brune, & une ceinture bleüe avec trois ſignes. Une étoile brillante ſur ſa teſte & une bandelete qui luy ſerre la bouche.

5. Ariſtocratie.

Il n'eſt point de Gouvernemens,
Qui n'ayent leurs inconveniens:
Mais puis qu'il faut des Chefs, je choiſis les Notables,
Les Sages, les Sçavans, les plus conſiderables.

L'Ariſtocratie eſt un Eſtat gouvernée par des Hommes Illuſtres qui ont ſoin de faire obſerver les Loix. Elle eſt repreſentée par une Femme d'âge viril, richement veſtuë, aſſiſe dans un thrône Royal. Elle a en ſa main droite de faiſſeaux de verges, en ſa gauche un Héaume, & à ſes pieds des monceaux d'or & d'argent.

6. Democratie.

Le Gouvernement populaire
N'a pas le bonheur de me plaire.
Un Chef doit être grave, habile, plein d'eſprit,
Sage, agreable, debonnaire:
Et le peuple ne ſçait preſque dans mille affaire,
Ni ce qu'il vaut, ni ce qu'il dit.

Par la Democratie il s'entend un Eſtat populaire gouverné par le Peuple, en forme de Conſeil & d'Aſſemblée, où chacun peut donner ſa voix pour deliberer des affaires publiques. Elle nous eſt repreſénte par une Femme couronnée des Pampres & modeſtement veſtuë, tenant de la main droite une Pomme de Grenade, de la gauche des Serpens, avec des grains dont elle a deux ſacs remplis.

7. Monarchie.

On a beau m'élever juſques au Firmament,
Le Gouvernement Monarchique,
Il ſe peut difficilement
Qu'un ſemblable Gouvernement
Ne devienne enfin Tirannique.

La Monarchie s'entend de la principauté d'une ſeule perſonne. Elle à pour ſymbole une Femme d'un viſage altier, couronné de Rayons, il brille ſur ſon ſein une enſeigne de Diamans. Elle eſt aſſiſe ſur un Globe, tenant d'une main un ſceptres, & de l'autre un écriteau avec que ces mots, *omnibus unus*; à ſon côté eſt un Lion & un Tigre au milieu des trophées d'Armes.

8. Magnamité:

Je ſuis la Reine des Vertus,
On en convient parmi les hommes,
Cependant au ſiecle où nous ſommes,
A quelque Héros prés, on ne me connoit plus.

Voicy la grandeur de courage, que

cette Dame majestueux nous represente. Elle est richement vetuë, pour montrer que les richesses sont justement deüe à ceux qui en usent noblement, & voila pourquoy on luy donne aussi une corne d'Abondance, Quand à la couronne Imperiale, & au sceptre qu'elle tient en main, l'un signifie le genereux dessein que l'on a de faire du bien, & l'autre la puissance de l'executer, qui sont deux choses sans lesquelles ils est impossibles d'exercer la Magnanimité. Que si elle est assise sur un Lion, Roy des Animaux, c'est un Symbole de cette Vertu, qui est Reine aussi de toutes les autres.

9. Magnificence.

La Magnificence des Rois,
A quelque chose d'heroïque,
J'aime le Prince qui s'en pique,
Le peuple en souffre quelquefois:
Mais qu'y faire, un vrai Roi doit être magnifique.

Cette Dame couronnée ne tient pas sans raison une Palme dans l'une de ses mains, & l'autre appuyée sur un plan d'Architecture, pour montrer que cette Vertu victorieuse des années, ne se propose que des sujets illustres, & qu'un de ses effets principaux c'est de bastir des Temples & des Palais, qui sont des Ouvrages par le moyen desquels les plus grands Princes rendent à la Posterité leur nom ou leur mémoire célebre.

10. Médiocreté.

Celui qui garde le milieu,
Peut faire reüssir la plus facheuse affaire;
On le doit en tout temps, on le doit en tout lieu,
Mais peu de gens le savent faire.

Elle est figurée par une Dame de mine, qui d'une main tient un Lion enchaisnée, & de l'autre un Agneau, avec ces mots; *Medio tutissimus ibis.* Par ces deux extremitez, elle fait voir qu'il fait bon tenir le milieu.

11. Misere du Monde.

Qui pourroit raconter les miseres humaines,
Les travaux des Mortels, leurs peines,
Pourroit conter dans un moment
Les Etoiles du Firmament.

Les Miseres humaines ont pour Emblême une Femme qui a la teste comme enchassée dans un verre, Symbole de la fragilité des choses du monde, elle tient de la main une bourse renversée, d'où s'épandent pesle-mesle des joyaux, avec des pieces d'or & d'argent, pour nous representer que, quoyque les richesses semblent rendre heureux, nous ne les emportons pas avec nous en mourant.

12. Meditation de la Mort.

Il n'est rien de plus salutaire
Que de penser au trepas,
Cependant on n'y pense guere,
Ou plûtôt on n'y pense pas.

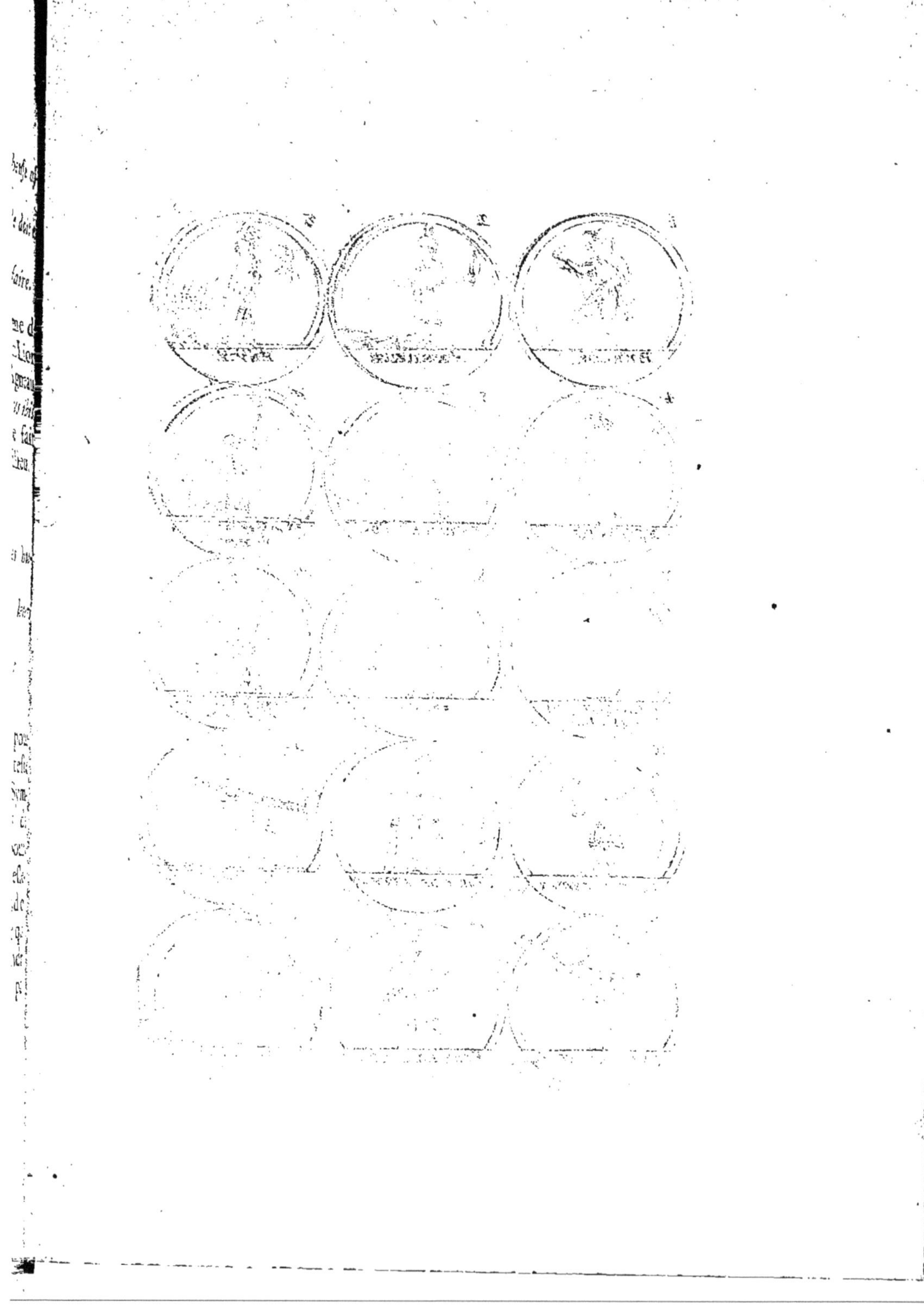

1
ERREUR
2
EXERCICE
3
ENVIE
4
EMBUCHE
5
FORTUNE D'OR
6
FAUSETE D'AMOUR
7
FERMETE DE LANGAGE
8
FORCE
9
FORCE D'ESPRIT ET DE CORPS
10
FORCE ET PRUDEN
11
FORCE DE COURAGE
12
FUREUR
13
FUREUR POETIQUE
14
FUREUR EXTREME
15
FUREUR INDOMTA:BLE

Ce Tableau funeste représente assez bien ce me semble la Méditation de cette derniere fin, par une Femme vêtuë de duëil, & assise sur un Tombeau, où elle regarde fixement une Teste de Mort; & tout à l'entour d'elle est un Ecriteau avec ces mots, *ô mort, que de ton nom la mémoire est amere.*

13. Meditation Spirituelle.

Mon Sauveur expira sur une honteuse croix:
Sans adorer pourtant ce bois,
Je contemple ce Dieu qui pour sauver mon ame,
Voulut mourir de cette mort infame.

Cet Emblême semble parler de soi-même. C'est une Fille devote, qui se tient à genoux sur un croix, ayant les mains jointes, & les yeux tournez vers le Ciel, pour témoigner l'ardeur de son zéle & de sa Meditation.

14. Malignité.

Contemple, ô Mortels, cet Emblême,
C'est un portrait affreux, le portrait du Méchant,
Peut-être t'aurai-je peint toi-même,
Peut-être y verray-tu ton malheureux panchant.

L'Embleme de la malice est representé par une Femme laide, pour nous avertir de sa difformité, elle porte des Aisles ouvert, pour nous montrer qu'elle est tousjours preste à voller au mal, elle tient un Caille sur sa main, Animal qui suivant les Naturaliste trouble l'eau aprés qu'il a beu.

15. Mauvaise fortune.

Je ris de la foule importune
De ces hommes toûjours chagrins & mécontens,
Qui pestent contre la fortune.
Qu'on examine bien ces gens,
La plûpart sont auteurs de leurs malheurs extrêmes;
Que ne pestent-ils contre eux-mêmes?

Elle paroit ici sous la figure d'une Femme exposée dans un Navire, qui n'a ni mats ni tymon, & dont les voiles ont été toutes rompues par la violence des vents: cela pour nous représenter le peu de repos qu'il y a dans la monde, où les hommes sont tousjours battus de quelque orage.

1. Erreur.

On doit mettre tout en usage
Pour s'éclairer, mais par malheur,
On aime à voir ses yeux tout couverts d'un nuage;
Nous nous plaisons dans nostre Erreur.

Cet Homme qui marche à tâtons, les yeux bandez, & un bâton à la main, est un symbole de l'Erreur. Les Stoïciens la definissent un forlignement hors du chemin, comme au contraire, s'y tenir dedans, sans s'égarer tant soit peu, est ce qu'on appelle aller droit, & ne se point fourvoyer.

2. Exercice.

Voulez-vous éviter le vice,
Soyez souvent en exercice:
Sans contredit l'oisivité
Est la mere du crime & de l'impieté.

Les divers effets de l' exercice, nous est représentée par une Femme qui a les bras nuds, une Horloge sur sa teste, un cercle d'or en une main, & en l'autre un Rouleau, où est écrit le mot: *Enciclopædia*. Il a à ses pieds quelque pieces d'armes, & des outils d'Agriculture.

3. Envie.

Le bonheur d'autrui fait mon mal,
Peut-on rien voir de plus brutal?

L'Envie qui s'attriste ordinairement du bien du Prochain, autant qu'elle se réjoüit du mal que luy arrive, fait voir l'un & l'autre de ses effets par le serpent qui lui ronge la mamelle gauche, & par l'Hydre qu'elle caresse.

4. Embuche.

Pour surprendre les ennemis,
Dans des Batailles, dans des Sieges,
On tâche à leur tendre des piéges;
C'est un stratagême permis.

Son Emblême est sous la figure d'une Femme armée, qui de la main droite soûtient un Bouclier, & de la gauche un Filet, que les Anciens ont toûjours pris pour un symbole des Piéges que l'on tend aux autres.

5, Fortune d'Or.

Lors que la Fortune nous rit,
Et que prodiguant ses largesses,
Elle nous comble de richesses,
C'est Fortune d'Or, comme on dit.

Elle se voit dans une ancienne Medaille de l'Empereur Adrien, representant une belle Femme, avec des aîles au dos, & couchée tout de son long, avec un Timon à ses pieds.

6. Faussété d'Amour.

Ne nous reprochez point, ô Sexe, nos sermens,
Et nos ridicules promesses,
Vous rompez quelquefois par des voyes traîtresses,
Les plus tendres engagemens:

L'on

L'on void de fausses Maistresses,
Comme l'on void de faux Amans.

Elle a pour Emblême une Femme superbement vestuë, appuyant sa main sur la teste d'une Syrene, qui se regarde dans un Miroir.

7. Fermeté de langage.

Ce Predicateur chancellant,
Qui bronche presqu'à chaque terme,
Me fait trembler à tout moment,
Un Orateur doit être ferme.

Cette Embleme nous est representée par un Mercure sur une base carée, tenant son Caducée comme dans l'action de haranguer & de faire paroistre son Eloquence.

8. Force.

La raison du plus fort est toûjours la meilleure.
Cedons à la force majeure.

L'Embleme de la Force nous est ici representée par une Femme guerrierre, devant qui se presente un Lion irrité, dont elle soûtient courageusement l'effort, & hausse le bras pour l'assommer avec sa Massuë; ce qui n'est pas un petit effet, puisqu'il n'est point d'animal qui ait plus de force & d'adresse ensemble que le Lion.

9. Force d'Esprit & de Corps.

Pallas, ainsi qu'on la décrit
Dans cette Image symbolique,
Est une peinture énergique
De la force du Corps, de celle de l'Esprit.

Il seroit difficile de la mieux dépeindre qu'elle l'est ici par l'image de Pallas, qui préside aux Armes, à cause de quoy elle a l'Epée au costé, un Heaume sur le teste une Lance en la main droite, & en la gauche un Bouclier au milieu duquel il y a une Massuë.

10. Force & Prudence.

Le Guerrier doit être vaillant:
Mais ce n'est pas assez, il doit être prudent.
Je conte pour rien la vaillance
Denuée de la Prudence.

L'une & l'autre sont representées par une jeune Guerriere, armée à l'antique, ayant sur sa teste une couronne de Laurier, avec ce mot pour Devise *His frugibus.* En la main gauche un Bouclier, & en la droite une Epée nuë, entrelassée d'un serpent.

11. For-

11. Force de courage.

Ce Brave qui dans les combats,
Meprise les perils, affronte le trepas,
N'a pas toûjours un vrai courage,
Ce qui l'anime au carnage
Est l'interest le point d'honneur:
Voilà ce qui souvent fait toute sa valeur.

Comme il y a divers degrez en toutes choses, cela se remarque particuliérement en la Force, qui est susceptible, & de plus & de moins. Mais il n'y en a point de plus considerable que celle qui procéde de la grandeur du Courage & des entreprises héroïques. Cet Embleme en est une preuve, ce'st une Femme resoluë, ayant un Morion sur sa teste, une Massuë en la main gauche, & en la droite une Toison.

12. Fureur.

Un homme emporté de Fureur,
Est un objet qui fait horreur.
Il n'a d'humain que la figure,
C'est une Brute toute pure.

Cette Homme, dont le visage & l'action ne respirent que rage; qui a les jeux bandez, qui semble lancer un Vaisseau de diverses Armes, & qui n'est vestu qu'à demi, represente vrai-semblablement la Fureur & ses effets.

13. Fureur Poëtique.

Il faut qu'un Poëte soit fou,
Ou se trouve en humeur Bacchique:
Sans cette fureur Poëtique,
Ses Vers ne valent pas un clou.

Cette sorte de Fureur a pour Embleme un jeune Garçon, qui a le teint vermeil & plein de vivacité, des aîles à la teste, avec une Couronne de laurier, une ceinture de Lierre, le visage tourné vers le Ciel, & l'action d'une personne qui écrit.

14. Fureur extrême.

L'Homme dans sa fureur extrême,
Se doit faire peur à soi-même
Voyez son visage & ses yeux,
Un Lion est moins furieux.

Cette Fureur est representée par un Homme armé, qui a le regard épouventable, le visage enflammé, l'Epée nuë en la main droite, & en la gauche un Ecu, au milieu duquel se voit un Lion.

15. Fureur indomptable.

Il est des Furieux qui s'apaisent enfin,
La raison, le temps sont un frein,
Qui les arrête au milieu de leur rage:
Mais on en void aussi de si fort acharnez,

Que

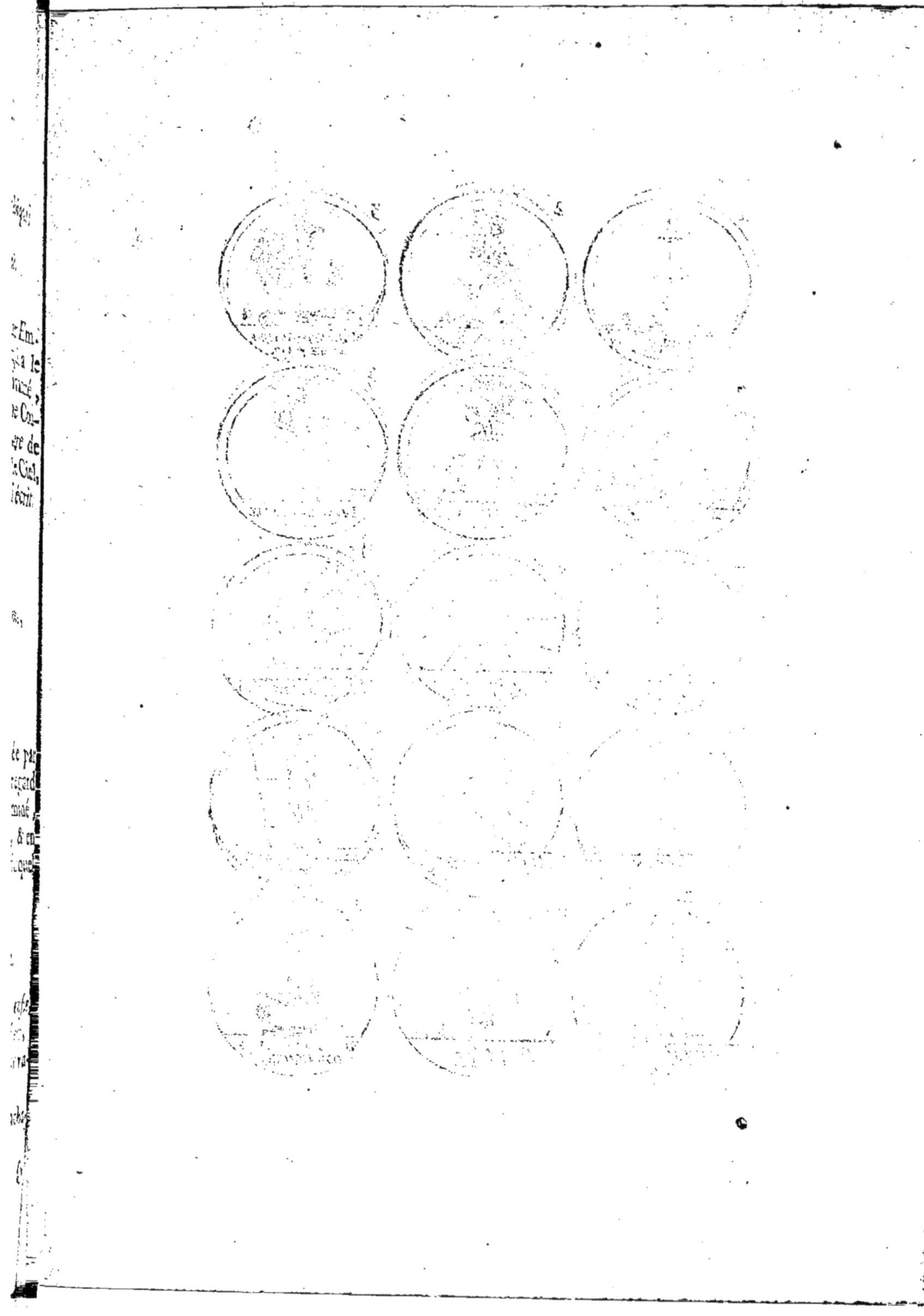

1
2
AMOUR EXCESIF
3
BRUIT DE GUERRE
4
FOY EPROUVÉE
5
6
7
8
NULE PAIX POUR
LE MECHANT
9
PRESENT D'ENNEMY
SUSPECT
10
FORTUNE TERRESTRE
11
12
VERTU PRUDENCE
ET SAGESSE
13
ESPERANCE ET
FORCE
14
STRATAGEME
UTILE
15
NECESSITE MERE
D'INVENTION

Que rien ne peut dompter, qui toûjours forcenez,
Ne respirent que le carnage.

Pour la donner à connoistre par ses effets, on peint un Guerrier armé d'une forte Cuirasse, portant sur la teste un Heaume, à la main droite une Epée, & en la gauche un Ecu, où se voit gravé un Lion qui de colére & de rage qu'il a, demembre ses propres Faons.

1. Amertume salutaire.

L'Amertume Salutaire nous est icy representée par l'Embleme d'un Calice avec un Croix dedans, qui nous montre qu'il n'y a personne en ce Monde, qui n'aye ses adversitez, mais lors que nous souffre pour Christ, nous souftrons salutairement.

2. Amour excessif.

Cette Embleme nous est depeinte par un Signe qui embrase si fort un de ses petits, qu'il le tuë, ce Symbole nous est mis devant les yeux, afin de montrer aux Peres qui ont trop d'indulgence pour leurs enfans, que c'est un cas trés dangereux.

3. Bruit de Guerre & de Paix.

Le bruit de Guerre ne nous a que trop amenée de calamité dans ce dernier temps, pour en n'avoir perdu la memoire, le bruit de Paix nous est montré par un Cocq, tenant sous ses peids une trompette, le Chant du Cocq est une Symbole de Paix, puis qu'il appelle le Laboureur à ses occupations sans crainte.

4. Foy Eprouvée.

Une Main qui essaye une piece d'Or sur une pierre de touche, nous donne une Idée de la *Foy éprouvée*. Puis que cela nous demontre qu'il faut plus que le son & la couleur, pour être de bonne alois, de même ceux qui veulent passer pour vertueux, il faut les Oeuvres, & non les apparences.

5. Force invincible.

La Force invincible est ici representé par une Trousse ou Liasse de dards lié, avec un bon liains de Prudence.

6. Mauvais Conseil.

Les Enseignes, Etandars & Guidons, ce sont des Symboles de mauvais conseil puis qu'il attire & assemble le monde pour la guerre, les entreprises & les rebellions.

7. Me-

7. Mechanceté renverse le Droit.

Voicy une Embléme qui n'est que trop pratiqué parmi les gens de justice, elle nous est representé par une Arbre droit ; aupres duquelle croit un Lierre qui l'entortille & le pert, ce qui fait revivre le Proverbe qui dit, que *le tort bien mené, peut rendre le Droit inutile.*

8. Nul Paix pour le Mechant.

La crainte qui ôte toute sorte de tranquilité au Méchant nous est representé, par un Lievre le plus craintif de tous les Animaux, de plus, il est entourez d'épées pour nous representer que les Méchants craignent de tous costez.

9. Present d'Ennemis suspect.

Cette verité nous est representé par la figure de Hector, qui donne une épée à Ajax, & Ajax qui donne une Ceinture à Hector ; ces presens furent des tristes présages de leurs fins tragiques. En effet Ajax se transperça de cette épée, & Hector fut attaché avec la ceinture derriere le Char triomphant d'Achille, où il perdit la vie.

10. Fortune Terrestre.

La Fortune Terrestre est sous l'Embleme d'un serpent qui est comme fix en terre & entortillant la fortune jusque à l'arrêter par les cheveux avec le bout de sa Queuë.

11. Vertu à l'Epreuve.

La Vertu contient diverses sortes d'actions Heroïques ; mais la plus glorieuse est icy representé par un Hercule, qui a terrassé un Monstre sans le craser, pour nous montrer que sa vertu est à l'épreuve, & qu'elle est sans vangeance.

12. Vertu, Prudence & Sagesse.

La representation d'une jeune Pallas, nous fournira cette Emblême, elle tient trois Couronnes de la main droite, & de la main gauche une Lance.

13. Esperance & Force.

Voicy un jeune Hercule, qui marche sur un ancre, symbole de l'Esperance, il tient des Serpens qu'il déchire, pour nous montrer qu'il espere de passer ses dévanciers en toutes sortes de bonne qualités.

14. Strategême utile.

Annibal, est celuy qui nous a fourny l'origine de cette Emblême, lors qu'il se trouvât à la veille d'être entiérement défait, par la multitude de ses Ennemis, il fit comme un prudent Capitaine, de necessité vertu,

en-

1
Vie caché, bonne vie.
2
La temperance est le souverain bien
3
Respecte ton Amy et prend garde à toi
4
Forces des Etats
5
6
est heureux
7
Vie des Champs, Vie des Heros.
8
Point de Crime sans Châtiment.
9
Tout se perd avec le Temps.
10
Philosophie, c'est apprendre à mourir.
11
Ne t'informe point de l'Avenir.
12
Vivre sans craindre la Mort.
13
Le Vieillard ne doit penser qu'à mourir.
14
La Mort nous dépouille de toutes choses.
15
Le chemin commun

en mettant des Fogats ardans, sur les têtes de ses bœufs, c'est ce qui le tira d'un peril évident.

15. Necessité, Mere d'Invention.

La necessité nous fournit des moyens à quoy l'on ne songerois pas autrement, le Corbeau, dont Pline nous parle, nous en fournit un exemple, comme vous voyé par ce Corbeau qui étant pressé de la soif, & voyant de l'eau dans une vase où il ne pouvoit entrer, y porta tant de pierres, qu'il fit venir l'eau à sa porté.

1. Vie caché, bonne vie.

Cesse de te ronger de soins ambitieux;
Foule aux pieds les grandeurs qu'en vain tu te propose,
Vy pauvre, mais content. Ceux-là sont presque Dieu,
Qui n'ont besoin d'aucune chose.

2. La temperance est le souverain bien.

Temperance heroïque & sainte,
Quiconque te loge en son cœur;
Peut se vanter qu'il est vainqueur,
De l'esperance & de la crainte.

3. Respecte ton Amy & prend garde à toi.

Foux & traitres Censeurs; Amis à deux visages,
Qui croyé faussement que tous vous est permis,
Connoissez vos defauts, & si vous êtes sages
Vous serez indulgent à ceux de vos Amis.

4. Amour des Peuples, forces des Etats.

Artisans insensez de discordes civiles,
N'acusez point le Ciel de vos calamitez:
Vos haines, vos complots, vos partialitez
Sont les premiers Tirans qui desolent vos villes.

5. Vraye Amitié.

Le profit est l'objet de l'amitié vulgaire,
Mais un cœur grand & noble aime sans interêt,
Et je crois que l'Amour, étant Dieu comme il est,
N'est Usurier, ni Mercenaire.

Qui aime sa condition est heureux.

Le mépris des Grandeurs, de la Pompe & du bruit:
Et le repos d'une innocente vie;

Ont

Ont ce couple sacré jusqu'au Trône conduit,
La Gloire est comme l'ombre,
Elle suit qui la fuit;
Et suit ceux dont elle est suivie.

7. Vie des Champs, Vie des Heros.

Vante qui vaudra les Citez,
Où les Mortels comme enchantez,
Tiennent pour des grandeurs leurs contraintes serviles;
Pour moy j'aime les Champs,
Car j'y vois des beautez
Que l'on ne void point dans les villes.

8. Point de Crime sans Châtiment.

Miserables Troyens, par les Dieux immolez
A leurs vengeances legitimes,
N'accusez plus les Grecs, si vous estez brûlez;
Votre Prince impudique, & l'excez de vos crimes,
Ont allumé le feu qui vous a desolez.

9. Tout se perd avec le Temps.

Rayons d'un Soleil invisible,
Pompe de la Nature, enchantemens des yeux,
Beauté qui de l'Amour rend le trait invisible,
Il est vrai, ton Empire est grand comme les cieux.
Mais ne te flatte point de pouvoir de tes charmes,
Ne vante point les feux, ne vante point les armes,
Dont tu desoles l'Univers:
Tu passeras un jour par le ciseau des Parques;
Et si de tes appas il reste quelques marques,
Ce ne sera que dans nos vers.

10. Philosophie, c'est apprendre à mourir.

Ce qui n'est pas en ta puissance,
Ne doit point troubler ton repos,
Tu balance mal à propos.
Entre la crainte & l'esperance.
Laisse faire le Ciel, c'est ton Maître & ton Roi,
Et supporte avec constance
Ce qu'il a resolu de toi.

11. Ne t'informe point de l'Avenir.

Scrutateurs des choses futures,
Ennemis des secrets divins;
Ne consultez plus le Devins,
Pour apprendre vos avantures.
L'Art est faux & pernicieux.
Qui dans le grands chiffres des cieux
Croit découvrir nos destinées.
Dieu seul comme Roi des Humains,
Tient le conte de nos années,
Et le destin du Monde est l'œuvre de ses mains.

12. Vivre sans craindre la Mort.

Tel par un sentiment brutal,
Croit donnant tout à la Nature,
Eviter le chemin fatal,
Qui nous mene à la sepulture,

1 VERTV OPRIMEE
3 DOUCE IVSTICE
4 BONNE CONDVITE
5 PREVOYANCE
7 VERTV COMMVNIQVE
8 VERTV ORIGINAI RE
9 VENGEANCE
10 BON PASTEVR
11 VAILLANT ET VEILLANT
12 DOUCE MORT
13 IL SOUTIEN LES BRAS DV ROY
14 POINT D'OMBRE ICY
15 LE SOIN POVR NOS SVCESEVRS

[T]el pense dans la Pieté,
[T]rouver un lieu de seureté,
[C]ontre les trois sœur homicide,
[I]ls se trompent également;
[L]e trepas devance les rides,
[O]n les suit infailliblement.

13. Le Vieillard ne doit penser qu'à mourir.

Que te sert, vieil ambitieux
De voler toutes nos Provinces
Pour élever en mille lieux
De Palais dignes de nos Princes,
Ignore tu que les destins
Aprés quelque facheux matins
Vont borner le cour de ta vie,
Déja tes plus beaux jours ont éteint leur flambeau,
Pense donc à la mort ton ame t'y convie,
[E]t si tu veux bâtir, va bâtir un Tombeau.

14. La Mort nous dépoüille de toutes choses.

Aimable solitude où j'ai l'ame ravie,
Et goute le bonheur que les cieux m'ont promis
Livres qui noircisses les plaisirs de ma vie,
Et vous rare beauté que j'ai toûjours suivie,
Malgré deux puissans ennemis.
Un jour viendra que la Mort blême,
M'arrachant moi-même à moi-même
M'arrachera du cœur nos objets amoureux
Et passerai dans l'ombre eternellement noire,
Et perdant la memoire,
Je perdrai malgré moi l'amour que j'ai pour eux.

15. Le chemin commun.

Naissons ou Bergers ou Monarques,
Quand le sort a marqué nôtre dernier moment,
Nous tombons indifferement,
Sous la main sanglante des Parques
Nous descendons aux tristes bords,
Où demeure un Nocher avare.
Et payons le tribut barbare,
Que Pluton exige des Morts.

1. *Vertu oppressé.*

La vertu oppressé nous est icy representé sous le symbole d'un Lion chaîné pour nous montrer que la force & le courage, ne sont pas exempt des coups de la Fortune.

2. *Vertu genereuse.*

Cette Emblême nous est representée par un Faucon, qui avec une avidité extrême fond sur un Heron renversé en l'air, quoy qu'il sache que plusieurs de ses devanciers ont perdu la vie par le bec du Heron.

3. *Douce justice.*

Le Soleil sous les Signes du Mouton &

& de la Balance, nous remplit cette Emblême, puis que le Soleil étant sous ces signes, fait l'equinoxe ou l'égali.é de jour & de nuit par toute la Terre & que le Mouton & le symbole de la douceur & la Balance celuy de la justice.

4. *Bonne conduite.*

Elle nous est dépeinte par une Navire dans le Port, ayant passé au travers des écueils, pour nous representer que la bonne conduite d'un Pilote ne consiste point en son bonheur ni aux hazard, mais à la bonne conduite.

5. *Prévoyance.*

La Prévoyence nous est ici mis devant les yeux par l'Oiseau de Paradis, *qu'on dit faussement n'avoir point de pieds*, l'on tient que cet Oyseau lors qu'il vole sans venir quelques orages, il s'éleve dedans la troisiéme region, de même ceux qui sont menassé de quelque tiranie, sans doive écarté.

6. *Effet de la Prévoyance.*

L'effet de la Préyoyance nous est representé par une Eclaire fortans d'une nuë, pour nous representer que la prévoyance ne demande point de rétardement.

7. *Vertu Communiqué.*

Voicy une Ente chargé de fruits qui vous remplira ce symbole. Cette une Ente de bon fruits enté sur du sauvage lequel porte de bon fruits, pour montrer que la vertu ne differe de rien du vice, que par l'aproche de l'un ou de l'autre.

8. *Vertu originaire.*

Ce qui nous represente la vertu Originaire est une Aigle regardant le Soleil. D'autant que cet Oyseau expose ses Aiglons au Soleil, & ne conserve que ceux qui en peuvent soutenir l'éclat.

9. *Vengeance.*

Il y a bien de sortes de vengeances celle-cy nous est representé sous la figure d'un Lyon qui est blessé d'une fleche qu'elle tire avec ses dents & qui la rompt, ne pouvant joindre celuy qui l'a decoché.

10. *Bon Pasteur.*

On ne peut mieux representer un bon Pasteur que par l'Emblême de la Lune qui est un Astre toujours en mouvement & qui emprunte sa lumiere du Soleil, pour la communiquer à la Terre, de même que doit faire un Pasteur, tirer ses lumieres des S. Escritures pour les communiquer à son Troupeaux.

11. *Vaillant & Veillant.*

Le Lyon est la symbole de la vaillance & de la vigilence parce qu'il dort les yeux ouvert & qu'il est animal solaire.

12. *Douce Mort.*

Il n'y a point de Mort plus douce a un grand Capitaine que lors qu'il meurt en triomphant sur ses Ennemis en combattant. Voila pourquoi il a pour Symbole un Rameau d'Olive & un de Cyprés passé en sautoire.

ABRE-

ABREGE' HISTORIQUE

De la Naissance, de la Vie, & de la Mort de

MARIE II.

DU NOM

REINE D'ANGLETERRE,

De Glorieuse Memoire.

DEVISE.

1. *Regno Nata.*

Sur la Naissance de Sa Majesté.

Le Soleil condensant une tendre rosée,
Dont Thetis aime la douceur,
Me créa pour être admirée :
On ne peut mettre à prix, ma forme & ma blancheur:
En moi tout est parfait, & pour comble d'honneur;
Pour la Couronne je suis née.

Une Perle dans sa Nacre, d'une grosseur & d'une beauté extraordinaire; avec ces paroles: *Je suis née pour la Couronne*, faisant ainsi allusion à la glorieuse destinée qui conduisoit sa Majesté au Trône.

2. *Cœlum Sociavit.*

Pour le tems de son heureuse Naissance au Mois de Mai.

Pour d'un prochain bonheur être le type heureux,
Au ciel où nous regnons nous placérent les Dieux.
Quand nous logeons celui qui tout le monde éclaire,
La Nature renaît, on voit fleurir la Terre;
Où tout benit le sort officieux,
Qui pour ces doux effets nous unit dans les Cieux.

Les Jumeaux signe du Zodiaque, où le Soleil est alors; avec ces paroles: *Nôtre apparition est de bon augure.* Tout le monde sçait combien heu-

heureusement Sa Majesté a rempli toutes les hautes esperances, qu'on en avoit conçues.

3. *E putore Vigor.*

Sur son Origine de la Maison d'York.

On ne m'estime point pour une seule grace ;
De mon corps la vive blancheur,
Jointe à mon embaumante odeur,
Font que des autres fleurs tout le brillant j'efface,
A mon auguste trône je fais encore honneur ;
Car de ses autres Lis la beauté je surpasse.

Un beau Lis en fleur, avec ces paroles : *J'illustre mon origine.* Sa Majesté excellant en toutes sortes de Vertus, tant Chrestiennes que Roïales, a ajoûté un nouvel éclat à une Maison déja aussi illustre qu'ancienne.

4. *Utile dulci miscunt.*

Pour ses progrés dans les belles Connoissances

De la Nation en moi l'art polit les présens,
Et comme un chef d'œuvre on m'admire,
Tandis qu'en l'arrosant à la terre je rends,
La pure eau que ma source en tire.
C'est ainsi que je suis un aimable joyau
Rassemblant avec ordre & l'utile & le beau.

Une belle fontaine qui arrose & fertilise la Terre, avec ces paroles *Pour l'utilité & pour l'agrément.* Pour donner une Idée de l'heureuse application que Sa Majesté apportoit à cultiver dans ses heures du relache Les admirables talens dont elle communiquoit le secours d'une maniére aussi obligeante que généreuse, à ceux qui lui donnoient une si noble émulation.

5. *In Sale Dulcis.*

Pour son Education Chrestienne dans une Cour déréglée.

Que l'on admire en moi la vertu la plus pure,
Nageant dedans un fons bourbeux.
J'y respire un air pur, & des voluptueux
Veulent en vain me corrompre avec eux :
Car aidé du secours d'une heureuse nature,
Je suis doux au milieu d'une forte saumure.

Un Poisson qui conserve sa douceur naturelle malgré tout le sel de mer, avec ces paroles : *Ma douceur triomphe de ce qu'il y a de plus amer.* On ne sauroit ignorer combien heureusement Sa Majesté s'est defenduë contre ce que la volupté a de plus attraint.

6. Ut

6. *Ut Corona evadam.*

Pour la progrés des graces de sa Personne.

Je perds avec plais mon agréable éclat,
De mes feuilles le beau nuage,
Pour devenir des Dieux le morceau délicat,
Et s'y trouve un grand avantage.
Je change en fruit mes fleurs, ma brillante beauté
Se convertit en Majesté.

Une Grenade en fleurs, de laquelle fleur se forme une couronne avec ces paroles : *afin que je sois couronné.* Pour insinuer que comme Sa Majesté a vû croître les charmes de sa beauté dans ses premiéres années, dans un âge plus avancé, cet admirablage des graces, a comme composé sa couronne.

7. *Nemo me impunè.*

Pour sa Beauté.

Si mon vif incarnat & ma tendre jeunesse
Ravissent un Mortel qui voudroit les flétrir,
Le Ciel de peur qu'il ne me blesse,
M'a donné de quoi l'en punir,
Ma vertu ne nuit point, je prens plaisir á plaire,
Mais je puis me vanger d'une main temeraire.

Une Rose avec des Epines, avec ces paroles : *J'inspire un amour respectueux.* Sa Majesté étoit d'une aussi ravissante beauté, que sa Vertu étoit accomplie.

8. *Micat inter omnes.*

Pour la Majesté de sa Personne & l'éclat de ses Chrestiennes & Royales Vertus.

Que sont auprés de moi ces beaux corps lumineux,
Qui fort loin jettent de gros feux.
Et plusieurs étoiles ternissent,
Mes rayons les leurs obscurcissent,
Toute seule je vaux plus que mille d'entre eux.

La Lune avec ces paroles : *Mon éclat fait ombre à mille autre.* Pour marquer que sa Majesté a de beaucoup surpassé toutes les personnes de son rang ; & été un exemple inimitable à un trés-grand nombre d'illustres & de vertueuses personnes qui faisoient la gloire de sa Cour.

9. *Suavi medulamine mulcet.*

Pour son humeur engageante & Pacifique.

De la discorde les efforts
Cedent à ma douce harmonie,
Par le charme de mes accords,
Autrefois Thebes fut bâtie :
D'un Peuple divisé j'assure le bonheur,
Les unissant par ma douceur.

La Lire d'Amphion, avec laquelle il édifia les murs de Thebes avec ces paroles : *Ma douceur charme & unit tous les cœurs.* C'est ce qu'au pié de la lettre a trés héureusement fait Sa Majesté, unissant les différentes inclinations des divers peuples qu'elle a gouvernez.

10. *Confringo & Auxilior.*

Pour sa Prudente conduite

Voiant fondre sur moi la vague insurmontable,
Je lui cede & courbe le dos ;
Mais remontant d'abord, aux tremblans Matelots,
J'indique un fatal banc de sable ;
Pliant ainsi fort à propos,
Je sçai me conserver & je suis secourable.

Un tonneau flotant sur un Banc de sable pour le faire éviter aux Mariniers, avec ces paroles. *Ma prudence me conserve & sauve les affligés.* Pour marquer que Sa Majesté a découvert toutes les secretes menées de ses Ennemis & du repos de ses sujets; & la Prudence avec laquelle elle a conjuré les tempêtes qui l'ont menacée.

11. *Probat & Approbat.*

Pour son jugement exquis, & son bon goût.

Tres équitablement, je juge des métaux,
Ils ne m'éludent point lors que je les éprouve,
J'en montre évidemment & le bon & le faux,
A l'épreuve du feu celui-ci pur se trouve ;
Et l'autre se brise en morceaux:
Je conserve l'or pur, mais le faux je reprouve.

Une Pierre de touche, qui marque au juste la valeur des métaux, avec ces paroles: *J'éprouve & je conserve ;* pour marquer l'heureux discernement & le bon choix que Sa Majesté faisoit des choses.

12. *Orbe suo Major.*

Pour sa Sagesse.

Pour mes regards perçans il n'est point de mystére,
Des ténébres les plus épais,
Le beau jour éclore je fais ;
Je gouverne si bien ma volante lumiére,
Qu'à point nommé toûjours j'achéve ma carriere,
Pour le combler de biens je suis le sage Roi,
D'un monde plus petit que moi.

Le Soleil avec ces paroles: *Plus grand que le monde que j'éclaire.* Elle sera toûjours un exemple inimitable de Sagesse & de Royales Vertus. Cette Devise insinuë encore, que l'étenduë de son esprit surpassoit celle de ses vastes Etats.

13. Ma-

13. *Malo mori quam pollui.*

Pour sa Piété.

Je garde un trésor de candeur,
Dont le Ciel a fait mon partage;
Ma propreté fait mon bonheur,
De la bonté du Ciel j'estime tant ce gage,
Que la mort me fait moins de peur,
Que ce qui peut ternir l'éclat de ma blancheur,

Une Hermine, de laquelle les Naturalistes disent, qu'elle aime mieux mourir que se salir, avec ces paroles : *J'aime mieux mourir que me tâcher.* Pour marquer que sa Piété a trés-constamment éclaté : ses plus grands ennemis lui rendant justice à cet égard, avoüant qu'elle possédoit dans un degré trés-éminent cette admirable & rare Vertu.

14. *Minùs mali quàm terroris.*

Pour sa Justice.

Mon corps, de feu paroit un funeste brandon,
Prêt d'embraser toute la Terre
Quand je parois sur l'Horison,
Tous les mortels du Ciel redoutent le Tonnerre,
Mais qu'aprehendent-ils d'une feinte rigeur
Quand un prompt repentir desarme sa colere?
Je fais moins de mal que de peur.

Une Comére avec ces paroles. *Je fais plus de peur que de mal.* Pour montrer que la justice de sa Majesté n'a jamais servi à sa vengeance, l'employant pour retenir ses Sujets ingrats dans le devoir, & non pas pour les perdre.

15. *Terra reddo quod à Cœlo accepi.*

Pour sa liberalité.

Sans savoir d'où leur vient une source féconde,
Mille arides Terroirs, tristes & languissans
Je fertilise tous les ans;
Tel est le sort heureux des païs que j'inonde:
Si le Ciel me combla de ses riches présens,
Ce fut pour en remplir le monde.

Le Nil dont la source quoi qu'inconnuë, fournit une si grande abondance d'eaux qu'il inonde & fertilise de vastes campagnes, avec ces mots : *Je rends à la Terre ce que me donne le Ciel.* Pour marquer cette genereuse liberalité qui s'est communiquée par des routes inconnuës à un nombre infini de pauvres & d'autres illustres disgraciez.

16. *Ne-*

16. *Neminem despicio.*

Pour son humilité.

Quoi qu'en moi tout soit grand, illustre merveilleux
De l'humilité je fais gloire:
Brillant dans le plus haut des cieux,
Je souffre qu'en passant, m'ofusqu'une ombre noire,
Et j'aime à rencontrer les yeux,
Du mortel qui me voit d'un air respectueux.

Le Soleil, qui quoi que la plus illustre & la plus parfaite de toutes les créatures, communique sa bien-faisante chaleur, & son aimable clarté aux autres créatures, sans distinction, avec ces paroles: *Je ne dédaigne personne*; pour donner une Idée de la charmante bonté, avec laquelle Sa Majesté accueilloit tous ceux qui avoient le bonheur de l'aprocher.

17. *Meas observate vias.*

Pour son naturel Laborieux.

Suivant l'instinct de la Nature,
Je hais sur tout l'oisiveté:
Ménagère du temps je recueille en Eté,
Ce qu'inutilement on cherche en la froidure:
Tous mes soins Mortels devenez;
Comme moi vigilans & sages devenez.

Une Fourmi, avec ces Paroles: *Considérez mes voyes & soiez sages*; pour marquer l'assiduité avec laquelle Sa Majesté s'occupoit à plusieurs ouvragres, dans ses heures de loisir.

18. *Mihi soli, propè intueri licet.*

Pour Sa Magnanimité.

Digne Roi des oiseaux j'en conserve l'estime,
En soûtenant toûjours ma haute Dignité,
En tout autre on pourroit nommer témérité,
Le moindre des efforts de mon cœur Magnanime.
Sans être par l'éclair ni la foudre arêté
J'aproche du Soleil par un essor sublime.

Un Aigle qui dans son essor regarde le Soleil en face, & l'approche de prés, avec ces paroles: *Il n'appartient qu'à moi de le voir de si prés*; pour insinuer qu'il n'appartient qu'à d'aussi sublimes génies qu'étoit le sien, d'entreprendre les haut desseins qu'elle a formés, & vû réussir.

19. *Solus cor meum commovet & aperit.*

Pour son Amour Conjugale.

Mon cœur de glace à d'autres feux,
Aime du Soleil seul les soins officieux,
Quand ici ses raions il lance:

M'ou-

M'ouvrant il voit sur moi ce que peut sa presence,
Et comme je le suis des yeux.
Helas pourquoi faut-il que son sort glorieux
Me fasse si souvent regretter son absence?

La fleur Héliotrope, qui regardant le Soleil, avec ces paroles: *Lui seul touche & ouvre mon cœur.* Car ainsi que cette fleur est consacrée au Soleil qui l'a fait épanoüir & l'attire aprés soi, par une secrete & admirable sympatie; de même le cœur de sa defunte Majesté a été fermé à toute autre passion, qu'à celle de son Illustre Epoux, qu'elle cherissoit avec une tendresse sans égale.

20. *Ut universo Orbi imperemus.*

Pour son Mariage.

Le ciel qui nous créa, dedans nos corps a mis,
La Vertu qui nous fait vaincre nos ennemis;
Et des animaux les Rois être,
Si le monde voit naître,
Ceux de la terre & l'onde à l'un de nous soûmis,

Un Lion & une Licorne, ce dernier étant selon les Naturalistes, un Animal amphibie, avec ces mots: *Pour commander à tout le monde*: faisant allusion à l'empire qu'exercent ces deux animaux sur ceux de la terre, & de la mer; pour montrer de quel poids leur union a été aux affaires de ce temps-là.

21. *Heroum Consort.*

Pour le temps de son Mariage dans le Mois de Novembre.

Par mille marques de valeur,
Les Heros vivent dans l'Histoire:
Avec plaisir je viens inspirer cette ardeur
Au Prince qui sera bientôt couvert de gloire,
Quand j'entre au signe Belliqueux,
Je rens par ma vertu les hommes courageux:

Le Soleil au Signe du Sagitaire, avec ces paroles: *Je m'allie aux Héros*, faisant allusion à son alliance á l'Illustre Héritier des fameuses Maisons d'Orange & de Nassau, dont la gloire remplit le monde.

22. *Mecum Pacem Fero.*

Pour sa venuë en ces heureuses Provinces.

Quand du Ciel irrité les eaux se débordérent,
Et toute la Terre inondérent,
Le Ciel pour ma Vertu du danger me sauva,
Pour à ceux qu'avec moi les ondes épargnérent,

Anon-

Annoncer une Paix qui de biens les combla..

La Colombe de l'Arche revenant avec une branche d'Olivier, symbole de la paix, avec ces paroles: *J'apporte la Paix sur la Terre.* La Paix generale, suivit de prés l'heureuse arrivée de Sa Majesté en Hollande.

23. *Ex unione dulce melos.*

Sur la belle Harmonie de son Mariage.

Quelle est belle la Sympathie
Qui charme l'esprit & le sens!
Des doux sons que de moi je rends,
Chacun se sent l'ame ravie:
L'accord de mes divers accens,
Compose cette mélodie.

Un Cistre, avec ces paroles: *Concerté & charmant;* pour insinuer, que comme un Cistre est composé de plusieurs cordes, qui ont toutes un son different, mais qui étant artistement touchées, font un merveilleux accord; aussi les differentes inclinations de leurs Majestez ont fait un Composé charmant, tant qu'a duré leur union.

24. *Præ cunctis.*

Sur son NOM, qui commence par la lettre *M.*

Tant que les beaux Arts fleuriront,
L'Arithmetique & l'Ecriture,
Pour ma beauté, mon prix, les savans M'aimeront,
D'un si beau sort, pour toûjours je m'assure;
Avec ce que je vaux, & ma belle quarrure,
D'autres lettres jamais m'égaler ne pourront.

Cette même lettre, avec ces paroles. *Elle vaut seule plus que toutes les autres.* Car l'*M* dans le nombre Romain vaut seule plus que les autres, DCLXVI, & tant que les beaux arts fleuriront, on l'admirera pour la beauté de sa forme, & pour son prix.

25. *Infaustos Oriens fugat.*

Sur son avenement à la Couronne & la restauration de la Monarchie Angloise, &c.

Je quite les ondes salées,
Pour ranimer ce qui languit,
A peine mes raïons ont les cimes dorées,
Qu'ils vont chercher la sombre nuit
Dont j'ai les horreurs dissipées.

Un Soleil sortant de la Mer, à l'apparition duquel les oiseaux nocturnes &c. disparoissent, avec ces paroles: *Mon apparition dissipe les méchans.* Ce qui insinuë assez clairement les heureux effets qu'ont produit la venuë de Sa Majesté en Angleterre, & son élévation sur le Trône.

26. *Me dirigentem dirigit.*

Pour sa Politique.

Je suis d'un merveilleux usage;
Toûjours constant, égal & sage.
J'indique les momens, les heures & les
jours,
Du Soleil l'admirable cours,
Mais de ce que je puis, je lui dois ren-
dre hommage:
Les autres je gouverne aidé de son se-
cours.

Un Cadran au Soleil, qui en étant regardé, indique pour le bien public, les temps & les heures, avec ces paroles: *Quand il m'aide, je gouverne les autres;* pour donner une idée de la Sagesse avec laquelle Sa Majesté, aidée du Roi son Soleil, a gouverné l'Angleterre.

27. *Alóque Defendóque.*

Pour son Gouvernement particulier.

Sans me reprocher d'inconstance,
Vois combien utile je suis,
Et jusqu'où s'étend ma puissance
Par les Vaisseaux que j'y conduis,
Cette Isle a tout en abondance,
Tandis que j'en defens l'approche aux
ennemis.

La Mer qui baigne & arrose une Isle qu'elle enrichit par le moyen de son Negoce, & nourrit par ses poissons empêchant par ses vagues l'abord de ses Ennemis, avec ces paroles: *Je la Nourris & je la Protege,*

28. *Manent tamen influxumque sequuntur.*

Pour la Douceur de son Gouvernement.

Sur la mer mon pouvoir s'étend,
Tout y reçoit mon influence,
On n'y voit aucune puissance
S'opposer à mon ascendant,
Car je regne insensiblement,
Conservant dans les Eaux, & l'ordre
& l'abondance.

La Lune qui fait enfler & baisser la mer par une influence insensible & réglée, avec ces paroles. *Elle m'obéit sans peine, & y maintient l'ordre.* C'a été avec une douceur & une sagesse incomparable que Sa Majesté s'est fait obéïr des peuples de ses trois Royaumes.

29. *Ipsa custodia terret.*

Pour sa conduite en l'absence du Roy.

Que mon Auguste Epoux se divertisse au
Bois,
Que sa vertu s'exerce à punir l'insolence,
Nos Lionceaux sous ma defense
Ne craignent point du Cocq la voix,
Car veillant pour eux je decouvre & je
vois,
Le Basilic avant que son venin il lance.

Une Lionne qui veille à la defense de ses petits qu'elle garde dans un antre, contre les atteintes du Coq aux re-

regards perçans avec ces paroles: *Ma vigilance lui donne de la Terreur.* Pour marquer l'infatigable soin avec lequel Sa Majesté veilloit à la tranquilité de ses Sujets pendant l'absence de son Illustre Epoux.

30. *Hanc unam secula plura vident.*

Sur la perfection de toutes ses illustres qualitez.

Mon sort est glorieux comme il est sans pareil,
Et j'ose en mon essort m'approcher du Soleil;
Sans craindre que son feu me blesse;
En tout admirable & parfait
Je ne pouvois être en effet,
Que rare ou seul en mon espece.

L'Oiseau Phœnix qui surpasse de beaucoup tous les oiseaux en Bauté. *Aussi excellent en ma nature que rare en mon espece*; pour donner une Idée de l'excellence de toutes les augustes qualitez rassemblées dans la personne de Sa Majesté.

31. *Quò plus micat, minùs durat.*

Sur sa prompte Mort.

Tout le monde étonné du brillant dont je suis,
Doute si le Soleil l'éclaire,
Ou si quelque Astre en feu, favorable à la terre,
Y tient tous les yeux éblouïs:
Mais cét éclat leur sert autant qu'il m'est contraire,
Tant plus j'ai de brillant, tant plûtôt je finis.

Un flambeau qui se consume d'autant plus vîte que sa flamme redouble, avec ces paroles: *plus de lueur, moins de vie.* L'application avec laquelle le haut genie de Sa Majesté s'attachoit aux occupations sublimes, a pû contribuer à eteindre son humeur radicale, & avancer sa Mort.

32. *A cœlo percutior ut à nemine vulnerer.*

Sur sa courte maladie.

A peine suis-je au monde où je charme les yeux,
Qu'il faut à la mort me resoudre:
Quoi qu'innocent sur moi tombe la foudre.
Mais mon sort doit être admiré;
Si je meurs dans ma fleur, c'est qu'aux Dieux consacré,
Je dois être affranchi des vers & de la poudre.

Un Cedre que la foudre abbat, & est ainsi conservé de la corruption, avec ces mots: *Le Ciel m'abbat de peur qu'on ne me deshonnore.* Cela pourroit insinuer que le Ciel l'appellant à soi, aïant voulu lui épargner toutes les douleurs d'une longue maladie.

33. *Cursum meum impedit, sed nomini meo majorem dat gloriam.*

Sur la fin des esperances qu'Elle donnoit.

Les Rochers qui bouchent mon lit,
En tant de torrens me divisent,
Que l'on voit sur mes Eaux tout commerce interdit,
Mais les mêmes bras qui m'épuisent
Comme chacun d'entre eux de moi sa source prit;
Par tout où vont leurs flots, mon nom ils éternisent.

Une Riviere dont les Eaux sont divisées par des Rochers, des Cascades, &c. forment plusieurs torrens, avec ces mots : *Ils divertissent mes Eaux, mais ils publient ma gloire.* Les beaux Esprits voyent bien leurs esperances fatalement échoüées par la mort de la Reine; mais les plaintes qu'ils en feront, porteront aussi la gloire de son Nom jusqu'au bout du monde.

34. *Cœlum ipsum ipsius occasum luget.*

Sur le temps de Sa Mort.

Mon absence d'horreurs va remplir tout le Nord.
Les Mortels que j'y laisse attristés de mon sort,
Vont succomber à tant d'allarmes.
Qu'ils versent d'inutiles pleurs,
Pour leurs maux seroit il des charmes,
Quand la Nature en deüil desséche ses humeurs,
Et que le Ciel s'epuise en larmes.

Le Soleil au Signe du Verse Eau, avec ces paroles: *Le Ciel même pleure sa perte.* On voit que dans ce mois le Soleil est fort éloigné de nôtre terre; & que les pluïes & les néges qui tombent abondamment des Cieux sont autant de larmes qu'ils joignent à celles que donnent tous les peuples du Nord à cette illustre Princesse.

35. *In ortu & occasu Præclarus.*

Sur les circonstances de Sa Mort.

D'un pas vîte & reglé je marche en la carriere,
Que j'ouvre avec éclat, & que j'acheve ainsi,
Comment pourrois-je être obscurci,
Moi qui de l'Univers suis l'unique lumiere,
Amoureux de Thetis, il fait si beau me voir,
Quand je quite son lit, que quand j'y rentre au soir.

Un Soleil couchant, avec ces paroles : *Aussi glorieux à mon coucher qu'à mon reveil;* Pour marquer que sur

sur quelqu'endroit de la vie ou de la mort de Sa Majesté, on fasse attention, elle y paroît toûjours semblable à elle-même, & infiniment au dessus de tout ce qu'il y a d'illustre au monde.

36. *Illic plus micat.*

Sur son Etat glorieux par sa Mort.

Elle y reluit avec plus d'éclat.

Passant, tu vois sous ce Tombeau,
Ce que la Terre eut jamais de plus beau,
Le Corps de l'Illustre MARIE.
Mais si tu cherches ses vertus,
Tu fais des éforts superflus :
On ne les voit qu'en l'autre vie.

La Couronne d'Ariadne qui fut placée pat le Dieu Bacchus parmi les Astres, pour y reluire avec beaucoup plus d'éclat que sur la terre, a été choisie pour nous dépeindre la place de l'Ame de Sa Majesté, qui suivant ses œuvres & les promesses du Trés-haut, reluit presentement avec la même splendeur que les Bien-heureux, qui sont dans le Ciel.

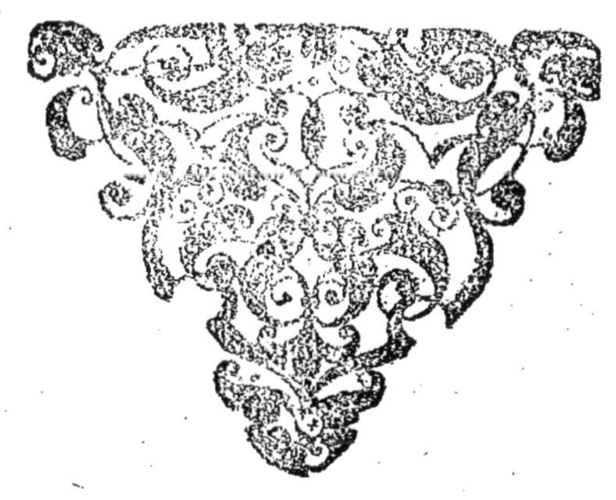

ABRE-

DEUISES, EMBLEMES, ET HYEROGLIPHES

Faits sur la Naissance, La Vie et la Mort de MARIE II. du Nom Reine d'Angleterre.

a Amsterdam
Chez
DE LA FEUILLE.
Avec Privilege de Nos Seigneurs les Estats de Hollande et de West frise 1700.

1
REGNO NATA
2
3
VIGOR
4
F. de Kaarsgieter Inv: et Del:

5
IN SALE DULCIS
6
UT CORONA EVADAM
3
7
NEMO ME IMPUNE
8
MICAT INTER OMNES
F. de Kaarsgieter Inv. et Del.

4
9
SUAVI MODULAMINE MULCET
10
CONFRINGO ET AUXILIOR
11
PROBAT ET APPROBAT
12
ORBE SUO MAIOR
F. de Kaarsgieter Inv: et Del:

13
MALO MORI QUAM POLLUI
14
MINUS MALI QUAM TERRORIS
15
TERRA REDDO QUOD A CÆLO ACC
16
NEMINEM DES PICIO.

17
MEAS OBSERVATE VIAS
18
6
MIHI SOLI PROPE INTUERI
19
COR MEUM COMMOVET & APERIT
20
UT UNIVERSO ORBI IMPEREMUS

7
21
HERO UN CONSORT
22
MECUM PACEM FERO
23
EX UNIONE DULCE MELOS
24
PRÆ CUNCTIS
M.
D.C.
LX
VI.

25
26
27
ALOQUE DEFENDOQUE.
28
MANENT TAMEN INFLEXUS QUE SEQUUNTUR.

29
IPSA CUSTODIA
30
HANC UNAM SECULA
31
MINUS
32
UT À

10
33
IMPED ; SED
MAIOREM DAT GLORIAM
34
LUGET.
35
OCCASU
36
ILLIC
PLUS
MICAT

ABREGE DE L'HISTOIRE DE FRANCE,

par les Devises expliquées en Vers & en Prose.

PHARAMOND,

regna 10 ans.

Sa Devise.

Imperium sine fine dedi.

J'ay fondé cét Estat sur de si fermes Loys,
Qu'on ne peut voir la fin de l'Empire François.

SElon la commune opinion il est le Premier Roy des François. Il commença à regner aprés avoir été élevé sur le Pavois l'an 418, & mourut l'an 428. De son Regne, quatre Anciens Seigneurs redigerent pendant quatre Assises la Loy Salique.

CLODION,

dit le Chevelu, regna 19 ans.

Devise,

Romæ vix cessimus uni.

Quoy que Rome se vante, il faut qu'elle concede,
Que l'impire François à grand peine luy cede.

Il commença à regner l'an 428, & mourut l'an 447. Il trouva le moyen de passer la Forest Charbonniere qui est aujourd'huy le Hainaut, il se saisit des Villes de Cambray & de Bavay l'an 437. & establit son Siege à Amiens l'an 444.

MEROUE'E,

regna 10 ans.

Devise,

Nobis ferus Attila cessit.

Le cruel Attila, malgré son fier courroux,
Redouta mon Epée, & tomba sous mes Coups

Ce Roy a été le chef de la race des merovingiens. Il commença à regner l'an 448. & mourut l'an 458. Une grande partie des Villes situées aux environs du Rhin, & de Picardie, de Normandie, & Isle de France luy apporterent les Clefs. Il ayda à deffaire Attila l'an 451 dans la Sologne où Theodoric Roy des Visigots fut tué.

CHILPERIC, I.

regna 24 ans.

Devise,

Redij Virtute decorus.

Je descendis du Trône, & l'on sçait dans l'Histoire,
Qu'on m'y vit remonter avecque plus de Gloire.

Chilperic commença à regner l'an 458. & mourut l'an 482, aagé de 45 ans,

ans. Ses debauchés le firent chasser du Throne. Il rompit une piece d'or avec son Amy Guiemens que luy envoya sa portion, quand par son adresse il eust tourné l'Esprit des François à le rapeler l'an 468. Et à chasser Gillon qu'ils avoyent mis à sa place, & sur lequel il prit d'assaut & brulla la Ville de Treves.

CLOVIS I.

regna 30 ans.

Devise

Salus mihi Conjuge parta est.

Si quittant les faux Dieux le vray Dieu fut mon but,
Ce fut ma Femme enfin qui causa mon salut.

Clouis commença à regner l'an 481, & mourut l'an 511. Il donna la bataille de Tolbiat pour le gain & laquelle il fist voeu de se faire Christien l'an 469. Il se fist baptiser, la St. Ampoule fust apporteë par une Colombe ce l'este ainsi que lescu semẽ de fleurs de lis Et Loriflamme a un Hermite de la forest de jovenual Il fist abatre les Idoles.

CHILDEBERT I.

regna 47 ans.

Devise

Armatus terror Iberi.

I'ay fait par ma valeur trembler dans la Campagne,
Les Aigles de l'Empire, & les Lyons d'Espagne.

Il commença à regner l'an 511. & mourut l'an 558. Il assiéga Saragosse, les habitans reduits à lextremité sortirent en habit de deuil & de penitent, portant la Tunique de St. Vincent leur patron au lieu de banniere l'an 543. ce qui satisfit Childebert : Et Clotile sœur du Roy se voyant mal traitée par Amalarie son mary à cause de sa Religion envoya à ses Freres un mouchoir teint de son sang pour les exciter à la venger ce que Chelderie fit l'an 532.

CLOTAIRE I.

regna 12 ans.

Devise

Vicit amor Patriæ.

Je fus si fort vaincu d'amour pour ma Patrie,
Que j'eusse mis pour elle, & mon sang & ma vie.

Il commança à regner l'an 558. Et mourut l'an 562. aagé de 49. ans n'étant Encor que Roy de Neutrié, Cheldebert se jetta a l'Improviste sur luy qui n'eust que le temps de se jetter dans le fort d'une forest Et prest a y estre Forcé une tempest miraculeuse les desliura & obligea ses Ennemy de luy demander la paix Et son amitié Clotaire n'ayant nullement souffert de la dit tempest.

CHEREBERT.

regna 15 ans.

Devise

Themidi Musarum Numita janæit.

Quoy que je fusse né pour les Travaux de Mars,
I'ay fait fleurir Themis les Muses & les Arts.

Il commença à regner l'an 561. & mourut l'an 570. aagé & 49 ans, gist a Romain de Blaye où il mourut. Le Roy

Royaume fut partagé pour la 2 fois entre les 4 Enfans & Clotaire, comme il l'avoit esté aprés la mort de Clouis : Le sort donna le Royaume de Paris à Cherebert.

CHILPERIC. II.

regna 8 ans.

Devise

Infaustis avibus rexi.

J'ay monté sur le Trône en un temps où j'asseure,
Que tout étoit pour moy de tres mauvais augure.

Il commença à regner l'an 570, & mourut l'an 584. Les Anstraziens qui luy avoyent fait serment le quitterent : Et Godin un de leurs Chefs se saisit de la Ville de Soissons : mais Chilperic fit une telle diligence qu'il vainquit le dit Godin, & reprit Soissons.

CLOTAIRE. II.

regna 37 ans.

Devise

De spinis Rosa nata fui.

Mon Estat fut troublé de Guerres intestines ;
Mais j'ay veu succeder les Roses aux épines.

Il commença à regner l'an 584, & mourut l'an 628. aagé de 45 ans, gist à St. Germain des Prez. Sa mere Fredegonde le menoit dans sa Jeunesse aux armées, le tenoit sur ses bras, & le montroit aux Troupes pour les encourager. Cette Fredegonde mourut l'an 596. Clotaire fit mourir Brunehaut, & brusler son Corps aprés avoir été attaché à la queuë d'un cheval.

DAGOBERT I.

regna 16 ans.

Devise

Multi post Bella Triumphi.

Aprés tant de Combats & de sang repandu
Je triomphe de tout, quand on croit tout perdu.

Il commença à regner l'an 629, mourut l'an 638 aagé de 38 ans, gist à St. Denis. Il partagea la Monarchie avec ses Enfans, Sigibert son aisné eust l'Austrasie & Clouis son puisné la Neustrie & la Bourgogne. Il fit bastir l'Abbaye St. Denis. Quelques Auteurs disent qu'il chassa les Juifs du Royaume.

CLOUIS. II.

regna 18 ans.

Devise

Vigili Stat Ministro.

La conduite & l'esprit d'un Ministre soigneux,
Rend son Roy redoutable, & son Estat heureux.

Il commença à regner l'an 638. & mourut l'an 655, aagé de 22 ans, gist à St. Denis. Il fut le premier qui laissa usurper l'Authorité Royale par les Maires du Palays. Il une grande famine qui affigeoit la Neustrie, l'obligea de prendre les lames d'argent dont le Tabernacle qu'on mettoit sur la Chasse de St. Denis Etoit couvert pour acheprer dequoy nourrir les pauvres en 645.

CLOTAIRE III.

regna 3 ans.

Devise

Clauftro dis aufimus Hôftes.

D'un Convent solitaire où mon fort m'avoit mis ;
I'eus le plaisir de voir périr mes Ennemis.

Il commença à regner l'an 655,& mourut l'an 668 aagé de 18 ans, gift a Cheles ou à St. Denis. La Reyne Batilde ou Badour mere de ce Roy , & qui gouvernoit osta le tribut que les Gaulois avoient payé à leurs Roys jusqu'à ce regne. Ebront Mavre & quelques Grands obligerent cette Princeffe de fenfermer dans la baye & cheles qu'elles avoit fait baftir en 664 elle Entra dans ce monaftere.

CHILDERIC II.

regna 3 ans.

Devise

Dulcem mihi malo quietem.

La Guerre en un Eftat apporte tant de maux ,
Que j'aime mieux gouster la douceur du Repos.

Il commença à regner l'an 668. & mourut l'an 673. gift à St. Germain les Paris, Ebron Maire qui avoit voulu faire reconnoître Thierry pour Roy fut abandonné,& contraint de se refugier à la Corne d'un Autel, dont il fut tiré & à la priers de Leger Evefque d'Autun confiné dans l'Abbaye de Luxeuil , & Thiery a St. Denls , Childeric devint Cruel & fit fouetter un Seigneur nomme Nodillon , les Seigneurs pour s'en venger l'attendirent au retour de la chaffe, le massacrerent luy, sa femme qui eftoit groffe & un fils fort Jeufne.

THEODORIC, ou THIERRY

regna 19 ans.

Devise

Donis auximus Aras.

Du respect des Autels, j'ay donné cent Exemples,
Augmenté de cent dons les Trefors des faints Temples.

Il commença à regner l'an 674. mourut l'an 691, aagé de 40. gift a St. Waft d'Arras fou Roy Ebroin fortift de l'abrege de l'uxemil fupposa un Enfant a Clouis & força les peuples de luy jurer fidellité. Il fit affaffiner Leudefie mere de Thiery, fit mourir leger évefque d'Autun & Guerin fon frere: Et n'ayant plus afaire de Clouis il recognuft Thiery pour Roy , gouverna tyranniquement jusqu'a ce qu'il fut affaffiné par Hermenfroy.

CLOUIS III.

regna 6 ans.

Devife

Socio confidimus uni.

Ie me fuis repofé dans toutes mes affaires,
Sur un feul dont les foins m'ont été neceffaires.

Clouis commença à regner l'an 691, & mourut l'an 695 aagé de 15 ans. Sous ce regne Pepin Maire gouvernoit, & il receu les oftages des Frifons aprés les avoir deffaits.

CHIL-

CHILDEBERT II.

regna 17 ans.

Devise

Pius idem omnibus æquus.

Je fus doux à chacun aussi bien qu'équitable,
Et par ma Pieté je me rendis aimable.

Childebert dit le jeune commença à regner l'an 691. Et mourut l'an 711 aagé de 28 ans, gist à St. Estiene de Coucy. Ratbot Roy des Frisons, nonobstant qu'il eust donné sa foy & des ostages se revolta une seconde fois, & fut battu encore par Pepin Maire en l'an 696.

DAGOBERT II.

regna 5 ans.

Devise

Brevis mihi Gloria Regni.

J'ay joüy peu de temps de la Gloire que donne,
D'un Royaume fameux l'eclatante Couronne.

Il commença à regner l'an 711, & mourut l'an 715 Pepin gouvernoit sous ce Roy qui comme quelques uns de ses Predecesseur ne se faisoit voir au peuple qu'une fois l'an dans l'Assemblée des Etats le 1. jour de Mars dans un chareiot tiré par des bœufs.

DANIEL ou CHILPERIC, III.

regna 5 ans.

Devise

Claustris fers Sceptra relictis.

Le Sçeptre des François fut toute mon étude,
Si tost que j'eus pour eux quitté ma solitude.

Il commença à regner l'an 716, & mourut l'an 721. gist à Noyen. Ce Roy portoit le nom de Daniel, & fut tiré du monastere par Rinfroy Maire qui luy fit porter le nom de Chilperic. Sous ce regne Ratbot & Rainfroy se liguerent, & attaquerent Charles Martel qu'ils des firent; Et c'est presque la seule action ou ce dernier eut du pire en 716.

CHIDERIC III.

regna 12 ans.

Devise

Nos aliquid nomen cessimus.

Mon Nom plus respecté que pas un Nom de Monde,
A fait assez de bruit sur la Terre & sur l'Onde.

Childeric dit l'Insensé commença a regner l'an 743, & l'an 751 fut rasé à l'age de 28 ans. Et mis dans le monastere de St. Bertin à St. Omer, & Pepin élu Roy.

Seconde

Seconde Race des Roys de France, dite des Carlovingiens.

PEPIN,

dit le Bref, regna 27 ans.

Devise

Merui regnare vocatus.

Si la France autrefois m'àppella sur le Trône,
C'est que je meritay de porter la Couronne.

IL commença à regner l'an 751, & mourut l'an 763, aagé de 54 ans, gist à St. Denis. Il fut élu par les Etats assemblé à Soissons qui aprés l'avoir eslevé, sur le pavois, luy firent prendre possession du Throsne. C'est Assemblée qui se tenoit au 1. de Mars fut mise au 1. de May, dans un Spectacle qu'il donna à sa Cour dans l'abaye de Ferrieres. Un Lion qui s'attacha à un Tavreau fit qu'il sauta à bas de l'Eschafaut & qu'il se para d'un Coup, ramené la teste du Corps du Lion & fist voir par là sa force & son adresse quoy que de petit stature.

CHARLEMAGNE,

regna 45 ans.

Devise

Consilio major, qui magnus in Armis.

Si dedans les Combats je n'eus point de Pareil,
Je fus beaucoup plus Grand que mon sage Conseil.

Il commença à regner l'an 768, mourut l'an 814 aagé de 72 ans, & gist a aix la Chapelle. Il fut couronné Empereur à Rome l'an 800 par le Pape Leon le jour de Noël. Il eut à combatre & vainquit plusieurs Ennemis consiberables, entre autres les Saxons les Lombars, les Huns & les Sarrasins. A sa sollicitation les 2 Chefs de saxons Albion & vitirind se firent batiser l'an 785.

LOUIS.

dit le Debonnaire, regna 27 ans.

Devise

Bis cado, bisque resurgo.

Jesuis tombé deux fois, quoy que bien élevé;
Mais deux fois pour mon bien je me suis relevé.

Il commença à regner l'an 814, & mourut l'an 840 aagé de 64 ans gist a metz il vainquist en plusieur batailles les d'anois les huns & les Sarasins, le Pape Estine étant venu le treuver a Reins il luy Confirma les donations de pepin & de Charles Magne l'an 816.

CHARLES, II.

dit le Chauve, regna 28 ans.

Devise

Pugnate & vincere doctus.

Plus ferme qu'un Rocher que rien ne peut abattre,
I'ay sceu vancre par tout, dez que j'ay sceu combattre.

Il commença à regner l'an 840, & mourut l'an 877. aagé de 55 ans gist a St. Denis

Denis le Pape Jean le Couronna Empereur a Rome le Jour de Noël l'an 875 & a son retour a Paris, Il y fust Couronné Roy des l'onbards & Confiermé Empereur par l'Assemblée des Prelats des Comtes & du pape même.

LOUIS II.

dit le Begue, regna 3 ans.

Devise

Tot per discrimina regno.

A la Confusion des Peuples Etrangers,
Je regne seurement au milieu des dangers.

Il commença à regner l'an 877. & mourut l'an 879. aagé de 35 ans ou environ gist a Compiegne, sa belle mere Richilde luy aporta le testament de son pere Charles le chauve, & les ornement du Royaume; ce qui malgré les factions le fit couronner à Reins.

LOVIS III & CARLOMAN,

regnerent 6 ans.

Devise,

Rara hæc Concordia.

Rarement a-t-on veu dans un temps orageux,
Deux Freres mieux unis que l'on nous vit tous deux.

Ces 2 freres commancerent à regner l'an 879. Louis mourut l'an 882, gist à St. Denis, & Carlomon mourut l'an 884. gist aussi à St. Denis. L'an 881 fust asignée la fameuse assemblée de 4 Roys de Condreville prés de metz, Lovis Tomba malade allant au devant des bretons qui venoyent a ses Secours & se fist raporté de litiern a St. Denis ou il mourut & Carloman fut tué à la chasse par un sanglier.

EUDES ou ODON,

regna 10 ans.

Devise,

Summa petit livor.

Les Grands ont mille assauts qui traversent leur vie;
Mais le plus Grand de tous, c'est celuy de l'Envie.

Il commença à regner l'an 888, & mourut l'an 898 aagé de 36 ans. Gautier Comte de Laon tira l'espée contre luy en plein Parlement. Eudes ne cessa de le poursuivre jusqu'à ce qu'il le prist avec sa Ville de Laon dans laquelle il s'étoit reffugié. Il luy fit couper la teste l'an 893.

CHARLES III.

dit le simple, regna 25 ans.

Devise,

Quo nec sincerior alter.

Jamais Roy de François, n'eut avec verité
Plus de douceur que moy, ny de sincerité.

Il commença à regner seul l'an 898. Son regne fut plein de troubles. Il combatit Robert frere d'Eudes prés de Soissont & tua ledit Robert de sa main l'an 923, cette même année Raoul se fit élire Roy, & Hebert Comte de Vermandois attira charles dans son chateau de peronne ou il y fust detenu prisonnier puis mené a chateau theiry & depuit il n'en est plus parlé.

RO-

RODOLPHE ou RAOUL,

regna 14 ans.

Devise,

Summo dulcius Unum ftare loco.

Le plaifir eft plus doux dans un Eftat fuprême.
Quand un Prince y tient pied, & le regit luy-même.

Il étoit Duc de Bourgogne. Il commença à regner l'an 923. & fut couronné Roy de France le dit jour, mourut l'an 930. gift à Sens. Ogine femme de Charles le fimple voyant fon mary prifonnier & Raoul efleu, s'enfuit en Angleterre avec fon Fils l'an 923. Guilaume premier Duc d'Aquitaine vint faire hommage à Raoul aprés quelques negociations fur les bords de la Loire où Raoul fans defcendre de cheval receut les Ambraffadeurs du Duc en 924.

LOUIS IV.

dit d'Outremer, regna 19 ans.

Devife,

Terris me reddidit æquor.

Sans degaifner l'Epée & fans faire la Guere,
I'ay paffé de Thetis fur le fein de la Terre.

Il commença à regner l'an 936, & mourut l'an 954 aagé de 39 ans, gift à Reims. Ogine fa mere le ramena d'Angleterre en France; Les Seigneurs deputerent Hugues le blanc Comte de Paris & l'Archevêque de Sens qui le furent recevoir à Bologne à la defcente de fon vaiffeau. Comme il alloit de Laon à Reins il piqua aprés un loup, fon cheval le renverfa, & il mourut de cette cheute.

LOTHAIRE,

regna 29 ans.

Devife,

Regnum extendimus armis.

I'ay malgré mes Rivaux, & malgré leurs tempeftes,
Etendu mon Eftas par divers Conqueftes,

Il commença à regner l'an 954, & mourut l'an 987 aagé de 46 ans. Othon II. Empereur ne fe mettant pas en devoir de faire droit au Roy fur la Lorraine, Lothaire alla luy même s'en faifir, & ayant apris que Othon étoit a aix la chapelle a fe divertir avec fa famille; il y alla & ne le manqua que d'une demy heure l'Empereur n'ayant eu que le temps de monter a cheval laiffent la table couverte & fes meubles precieux au pouvoir de l'othaire l'an 978.

LOUIS V.

Regna 2 ans.

Devife,

Terris hunc tantum oftenderunt fata.

A peine eus-je en mes mains le fceptre des François,
Que la mort m'enleva du Trône de nos Roys.

Il commença à regner avec fon pere en 985, & mourut l'an 987, aagé d'environ 20 ans, gift à compiegne. Emme mere de ce Roy ne fe fiant pas trop a Hugues Capet a qui le deffunt Roy avoit donné la garde de fon fils forma le deffeins de le mêner a adeleide fa grande mere mais on la fin enlever avec ancelin évefque de laon,

Troyfiéme

CAPETS.

1. HUGUES CAPET, regna 9. ans.

In melius novus innovo Regnum.

Tout nouveau que je suis dans le fameux Etat,
Je veux de mieux en mieux augmenter son éclat.

IL se fit couronner Roy, l'an 987. mourut l'an 996, âgé de 55 ans.& gist à St.Denis. Charles Duc de Lorraine qui étoit un Prince de la Race de Charlemagne faisant sa residence à Laon, l'Evêque du lieu nommé Ancelis Adalbeon le livra luy, & sa famille à Hugues la nuit du Jeudy St. Sous ce regne le mal des Ardens fit de grands ravages.

2. ROBERT regna 33 ans.

Omnigenæ Virtutis Alumus.

Instruit dans les Vertus; mes plus doux Exercices,
Furent quand je fus Roy, de combattre les Vices.

Il commença à regner l'an 996, & mourut l'an 1033, âgé de 61 ans. Le Comte de Champagne gagna par argent le Châtelain de Melun, qui lui livra la ville: Robert l'assiégea, la prit & fit pendre le Châtelain l'an 999. Il y eut sous ce Regne, trois Famines, l'une en 1007, l'autre en 1010, & l'autre en 1030. La derniére dura trois ans, & fut si cruelle qu'il y eut des Personnes qui deterrérent des Morts, pour les manger. On alloit à la chasse des Enfans: Et dans la ville de Tournay, un Homme fut assez avide du gain, pour exposer en vente de la chair humaine; mais il en fut puny par le feu.

3. HENRY I. regna 32 ans.

Belli, Pacisque peritus.

Je fus expert en paix, je fus expert en guerre,
Et je passay pour tel, & sur Mer & sur Terre.

Il commença à regner l'an 1033, & mourut l'an 1060, âgé de 54 ans. Il fit bâtir l'Abbaye de Saint Martin des Champs prés de Paris. Il arriva en 1059, un Prodige d'un combat d'une quantité de Serpens & de Coleuvres dans une Plaine prés de Tournay. Le Party vaincu fut poursuivy par le vainqueur jusques dans le creux d'un vieux tronc d'arbre, où les Païsans étant accourus avec des fagots & des brandons de feu, ils acheverent d'exterminer l'un & l'autre Party.

4. PHILIPE I. regna 49 ans.

Læta dedi primordia Regni.

Mon Regne étant heureux dans ses commencemens,
Eust-il eu du malheur dans ses derniers momens?

Il commença à regner l'an 1060, & mourut en 1108, âgé de 56 ans, & il gît à l'Abbaye de S.Benoist sur Loire. Urbain II. Pape vint se refugier en France l'an 1095, & y précha luy-même la Croisade, à la sollicitation de Pierre l'Hermite, Gentilhomme Picard. Le nombre des Croisez dans cette premiere Expedition fut de plus de 300000 Personnes, qui avoient pour marque une Croix rouge sur l'épaule gauche avec ces mots, *Dieu le veut.*

5. LOUIS VI. dit *le Gros*, regna 29 ans.

Imperio, Regnóque Potens.

Je fut un Roy puissant; l'Histoire le sçeut dire,
Puis qu'on me vit si loin étendre mon Empire.

Il commença à regner en 1108, & mourut en 1137, âgé de 58 ans, & il gist à S. Denis. Il fit mourir par des supplices tres rigoureux ceux qui avoient tué Charles le Bon, Comte de Flandres dans l'Eglise de S. Donat de Bruges ; & lui fit faire des Obseques dignes de l'amitié qu'il avoit pour luy. Ce Roy se sentant aprocher de sa fin, se fit aporter dans l'Eglise, & étendre sur une croix de cendre, une pierre sous sa teste, dans lequel état il rendit l'ame.

6. LOUIS, VII. *dit le Jeune*, regn. 42 ans.

Solimas assertor classe redemi.

Je couvris de vaisseaux les Fleuves & les Mers,
Pour delivrer Solime, & la tirer des fers.

Il commença à regner en 1137, mourut en 1180, âgé d'environ 64 ans, & il gist à S. Denys. L'an 1147, il y alla lever l'oriflame, & pendre la Bourdon & la Mallette, marques de Pelerinage. Il passa en Asie, d'où aprés avoir couru plusieurs dangers, il retourna en France l'an 1150.

7. PHILIPPE II. dit *Dieu donné* ou *Auguste*, regna 43 ans

Augusti refero gnomina dotes.

Si j'eus les qualitez & la vertu d'Auguste,
Son surnom m'étoit deû, comme celui de Juste.

Il commença à regner en 1180, mourut en 1223, âgé de 59 ans, & il gist à S.Denys. L'an 1184, le Patriarche de Jerusalem, & le Prieur de l'Hôpital de S. Iean lui aporterent les clefs de la Ste. Cité. Il gagna la Bataille de Bouvines, en 1214. Il y fut abbatu, foulé aux pieds des chevaux, & blessé à la gorge : Et l'Empereur Othon, contre qui il la donna, fut mis en suite; son grand Etendart pris avec 5 Comtes & 22 Seigneurs portans Baniere.

8. LOUIS VIII. regna 3 ans.

Metuendus in hæresim ultor.

J'ay fait voir aux François pour dompter l'héresie.
Que je n'épargnois pas ni mon sang ni ma vie.

Il commença à regner en 1223, mourut en 1226, âgé de 39 ans, & il gist à S. Denys. Il se ligua contre les Albigeois en en 1226, & prit la Croix de la main du Legat du Pape. La ville d'Avignon ayant refusé le passage aux Troupes du Roy, elle fut assiégée, prise & ses murailles abbatues. Guy Comte de S. Paul y fut tué la même année 1226.

9. LOUIS IX. regna 44 ans.

Decus addidit Cœlo.

Quand je quittay la Terre & volay dans les cieux,
Je fus bientost au rang des Astres précieux.

Il commença à regner l'an 1224, mourut en 1270, âgé de 75 ans, & il gist à S. Louis. Il fit le voyage de la Terre Sainte, & arriva à Damiette en Egypte l'an 1249. Il repoussa & vainquit les Serrasins qui l'attendoient sur le Rivage. Ce St. Roy fut presque six ans hors de son Royaume, où il aporta à son retour quantité de Reliques. Il passa en Afrique en 1270, poussé du même zele qui l'avoit porté en Asie, & y mourut la même année.

10. PHILIPPE III. dit *le Hardi*, regna 15 ans.

Quàm fortis pectore & armis.

Aussi vaillant du Cœur, que je le fus des Armes,
Je ne redoutay point les plus fortes allarmes.

Il commença à regner en 1270, mourut en 1285, âgé de 45 ans, & il gist à S. Denys. Il avoit accompagné son Pere en Afrique, & en raporta les Reliques qu'il porta lui même sur ses épaules à S. Denys. Il en avoit laissé les chairs en Sicile dans l'Abbaye de Montreal & de Palerme. Il fit mourir Pierre de la Brosse, qui avoit été Barbier de son Pere, & qui étoit parvenu sous ce Regne à une haute fortune.

11. PHILIPPE IV. dit *le Bel*, regna 29 ans.

Fortis, cum Conjuge forti.

Comme avec ma vertu ma force fut extrême,
J'eus une Epouse aussi qui fut la force même.

Il commença à regner en 1286, mourut en 1314, âgé de 48 ans, & il gist à S. Denys. Sous ce Regne la guerre recommença avec l'Angleterre a l'occasion de la querelle que deux Mariniers prirent ensemble faisant de l'eau par les Côtes de Guyenne, l'un étoit Anglois & l'autre Normand.

12. LOUIS X. dit *Hutin*, regna 18 ans.

Aspera semper amans.

Je ne fis pour l'Etat que des choses utiles,
Et n'entrepris jamais que les plus difficiles.

Il commença à regner en 1314, mourut en 1318, âgé de 28 ans, & il gist à St. Denys. Sous ce Regne arriva une famine par tout le Royaume, causée par les pluyes continuelles. Les Boulangers pour multiplier leur pain y mêlerent de la lie de vin, & quelques autres ordures; La chose ayant été reconnuë, ils furent condamnez à être exposez aux carrefours sur des Rouës, ayant un morceau de pain dans leurs mains.

13. PHILIPPE V. *dit le Long*, regna 6 ans.

Imperio potens tractare sereno.

Un Roy ne doit agir que d'un air agreable,
Quand dans un grand Estat il veut se rendre aimable.

Il commença à regner en 1317, mourut en 1322, âgé de 31 ans, & il gist à S. Denis. De son regne les Juifs furent accusez d'avoir fait infecter plusieurs Provinces par des Pestiferez qui furent exterminez par le feu. Ce Roy convoqua à Paris une Assemblée des Seigneurs du Royaume & autres, tous lesquels jurerent entre les mains de Pierre d'Arablay lors Chancelier, de ne point reconnoître d'autre Roy que luy & ses Hoirs mâles à l'exclusion des Filles.

14. CHARLES IV. *dit le Bel*, regna 6 ans.

Extra formosus & intra.

Aux graces de l'esprit, joindre celles du Corps,
C'est estre beau dedans aussi-bien que dehors.

Il commença à regner en 1322, mourut en 1328, âgé de 34 ans. Sous ce regne, Edoüard II. Roy d'Angleterre vint faire Hommage pour le Duché de Guyenne à genoux, découvert, épée & éperons bas en 1325. Il fut le premier de nos Rois qui permit au S. Siege de lever des Decimes par le Royaume.

15. PHILIPPE VI. *dit de Valois*, regna 2. ans.

Ramo avulso non deficit alter.

Pour un Rameau perdu, le Ciel fait cette grace,
Qu'on en voit aussi-tost naistre un autre en sa place.

Il commença à regner en 1328, mourut en 1350, âgé de 57, & il gist à Nogent le Roy. L'assemblée des Seigneurs & autres qui fut convoquée l'an 1328, à Paris pour terminer le different sur la succession du Royaume entre Philippe de Valois & Edoüard Roy d'Angleterre, se declara en faveur de Philippe. Sous son regne, Imbert Dauphin de Viennois, donna au Roy par Contract le Dauphiné en 1343. Et cette Donation fut confirmée en 1349.

16. JEAN regna 14 ans.

Vici quamquam victus.

Je fus de mon honneur tellement curieux,
Que même estant vaincu, j'étois victorieux.

Il commença à regner en 1350, mourut en 1364, âgé de 52 ans, & il gist à S. Denys. Il fut pris à la Bataille de Poitiers en 1356, & mené en Angleterre, d'où il revint 4. ans aprés. Ses Enfans furent au devant luy jusqu'à Calais en 1360. Ce Roy fut le premier qui porta le Nom de Dauphin. En 1363, il repassa en Angleterre, où il mourut l'année suivante.

17.

17. CHARLES V. *dit le Sage*, reg. 16 ans.

Immanes potui superare procellas.

J'ay dissipé l'orage, & vaincu la tempeste,
Qui sembloit s'élever & gronder sur ma teste.

Il commença à regner en 1364, mourut en 1380, âgé de 44 ans, & il gist à S. Denys. Sous son regne le Connétable Guesclin mourut en 1380, d'une fievre, au siege qu'il avoit mis devant Châteauneuf de Rendan dans les Cevennes. Sa reputation étoit si grande, que les Assiegez ayant capitulé, aporterent aprés sa mort les clefs de la Place sur son Tombeau. L'Empereur Charles vint en France, le Roy le fut recevoir hors du Fauxbourg S. Denys, par où il fit son Entrée à Paris l'an 1378.

18. CHARLES VI, *dit le Bien-aimé*, regna 42 ans.

Bonus omnibus, optimus urbi.

Ma franchise envers tous fut tellement connuë,
Que l'on n'en vit jamais une plus ingenuë.

Il commença à regner en 1380, & mourut en 1422, âgé de 52 ans. Il prit un cerf dans la Forest de Senlis qui marquoit par un Collier qu'il avoit eu le même sort sous Cesar. Il secourut le Comte de Flandres, defit les Flamands, & fit pendre Philippe d'Arteville leur Chef. Il renvoya les Marechal Boucicaut à Genes pour y recevoir la Foy & l'Hommage de cette Republique qui avoit reconnu l'an 1396, Charles pour souverain Seigneur. Il devint malade de l'Esprit en 1342, & destina la Couronne à Henry V. Roy d'Angletterre, son Gendre au préjudice de Charles Dauphin son Fils.

19. CHARLES VII. *dit le Victorieux*, regna 39 ans.

Cœlum sub virgine faustum.

Le Ciel en mon endroit se montra favorable,
Par une vierge un jour qui me fut secourable.

Il commença à regner en 1422, mourut en 1461, âgé de 60 ans, & il gist à S. Denys. Sous ce regne Jeanne d'Arc native de Dame Remy, connuë sous le nom de la Pucelle d'Orleans, parce qu'elle en fit lever le siége aux Anglois, rendit de grands services au Roy. Elle fut prise par les mêmes Anglois dans une sortie qu'elle fit à Compiegne, & menée à Rouën, où ils la firent brûler comme Sorciere en 1429.

20. LOUIS XI. regna 39 ans.

Prudenti callidus arte.

Pour regner dignement, le secret d'importance,
C'est qu'un Roy doit en tout consulter sa prudence.

Il commença à regner en 1461, & mourut en 1483, âgé de 61 ans. Dans la visite qu'il fit au Païs-Bas en 1462, trois mille Bourgeois de Tournay sortirent au devant de luy, ayant chacun une fleur de Lys d'Or, brodée sur le côté gauche à l'endroit du cœur. L'an 1472 le Duc de Bourgogne assiegea Beau-

Beauvais, les Assiegez ne pouvant plus resister, les Femmes à la tête desquelles se mit Jeanne Hachette, repousserent les Bourgnignons, & les contraignirent de lever le siege. Ce Roy établit les Portes en 1478. Charles d'Anjou luy laissa la Province en 1481.

21. CHARLES VIII. regna 22 ans.

Viam gaudens fecisse ruinæ.

Sur le debris d'autruy la France pouvoit croire,
Que je rétabliroit son bonheur & ma gloire.

Il commença à regner en 1483, & mourut en 1598, âgé de prés de 28 ans. Il fut attaqué à son retour de Naples par les Troupes Confederées, qui au nombre de 40000 hommes lui voulurent disputer le passage de Fornouë prés de Plaisance : Mais ce Prince quoy qu'il n'eût que 9000 hommes avec lui, leur passa sur le ventre.

22. LOUIS XII. dit *le Pere du Peuple*, regna 18 ans.

Viditque parentem Gallia.

Dez que la France m'eut élevé sur le Trône,
Elle eut un second Pere en ma seule personne.

Il commença à regner en 1498, & mourut en 1515, âgé de 53 ans. Il fit son Entrée dans Milan en habit Ducal en 1499. Un an aprés, les Suisses lui livrerent Louïs Sforce qu'il fit enfermer dans la Tour de Loches, où il mourut en 1509. Frederic Roy de Naples vint se rendre à la discretion de Louïs.

23. FRANCOIS I. regna 32 ans.

In Hectora solus Achilles.

Que ne vis-je en mes jours naistre un second Hector,
J'estois pour le combattre un autre Achille encor.

Il commença à regner en 1515, & mourut en 1547, âgé de 52 ans. Il gagna la Bataille de Marignan, la premiere année de son Regne. Il passa la nuit d'entre les deux jours que dura la Bataille sur l'afust d'un canon, où un Soldat luy porta un peu d'eau dans un morion mêlée de sang & de bourbe, que sa soif luy fit trouver excellente. En 1525 il fut pris prisonnier à Pavie, par Charles V. à qui il donna ses Enfans en ostage l'année 1526, & l'Echange s'en fit sur la Riviere de Bidassoa.

24. HENRY II. regna 12 ans.

Ora impia lege repressi.

Par mes frequens Edits pleins de severité,
J'ay triomphé du vice & de l'impieté.

Il commença à regner en 1547, & mourut en 1559, âgé de 40 ans & 3 mois. Charles V. Empereur ayant mis le le Siege devant Metz, fut contraint de le lever le 1 Janvier 1553. Au 2 jour des Tournois qui se faisoient à l'occasion des nôces de la Fille du Roy avec le Roy d'Espagne, le Comte de Montgommery rompit une lance avec le Roy, du tronçon de laquelle il fut frappé au dessus de l'œil droit, dont il mourut onze jours aprés. Il gist à S. Denys.

25. FRANCOIS II. regna 18 mois.

Ætas brevis aptâque Regno.

Si la mort ne m'eust pris du printemps de mon âge.
J'estois digne aprés tous de regner davantage.

Il commença à regner en 1559, & mourut en 1560, âgé d'environ 17 ans. Comme il étoit valitudinaire, son Regne qui ne fut pas de 17 mois entiers, ne produisit aucun évenement remarquable. Il mourut à Orleans, d'où il fut porté à St. Denys.

26. CHARLES IX. regna 14 ans.

Justitiam, Pietas æquat.

Sa Pieté Chrétienne égale sa Justice,
Et son bras fut l'effroy des esclaves du vice.

Il commença à regner en 1560. & mourut en 1574, âgé de 25 ans. Il fut tenu un Colloque à Poissy en 1561. Elizabeth sœur du Roy, qui avoit épousé par Procureur Philippe III. Roy d'Espagne fut conduite sur la Frontiere par le Roy de Navarre & le Cardinal de Bourbon en 1559.

27. HENRY III. regna 13 ans.

Externæ patriam præpono coronæ.

Je preferay la France au milieu des dangers,
Aux Sceptres glorieux des Pais étrangers.

Il fut eleu Roy de Pologne en 1572, & sortit de Cracovie en 1574 pour venir prendre possession du Royaume de France qui luy étoit échen par la mort de Charles IX, son Frere. Il fut tué en 1589. à St. Cloud, à l'âge d'environ 38 ans. Il institua l'ordre du S. Esprit en 1579. Il gist à S. Denys. L'Entreveuë des deux Roix se fit au Plessis les Tours l'an 1589.

28. HENRY IV. dit *le Grand*, regna 20 ans.

Ferro mea Regna redemi.

J'ay sauvé mon Estat par la force du fer,
Et de mes Ennemis on m'a veu triompher.

Il commença à regner en 1589, fut tué en 1610, dans le 75 année de son âge, & il gist à S. Denys. La ceremonie de son changement de Religion de fit au même lieu entre les mains de l'Archevêque de Bourges, assisté de 7 ou 8 Evêques, & de René Benoist Curé de S. Eustache.

29. LOUIS XIII. dit *la Juste*, regna 33 ans.

Fidei & Regni expulsit Hostes.

Ennemis & l'estat, Ennemis & ta Foy. Vous fussés surmontés & chassez par ce Roy.

Il commença à regner en 1610. mourut l'an 1643. en sa 43 année aprés un regne de 33 ans justes, & il gist à S. Denys. Il prit la forte Place de la Rochelle en 1628; retablit le Duc de Mantoue dans ses Etats; declara la Guerre au Roy d'Espagne, &c.

30. LOUIS XIV, *dit Dieu donné*, ou *Auguste*, *regne aujourd'huy glorieusement sur les François.*

Armisque potens.

Ses Armes, son Conseil, sa Valeur sans seconde,
Le rendent plus puissant que tous les Roys du Monde.

Ce Monarque est nay le 5 Septembre 1638. il commença à regner en 1643. fut sacré à Reims le 7 Juin 1654. épousa Marie-Therese d'Austriche le 9 Iuin 1660, de laquelle est née M. le Dauphin le 1. de Novembre 1661. Toutes les qualitez Royales que S.M.T.C. possede eminemment, ses Armées formidables par Mer & par Terre, ses victoires & ses Conquêtes qui font la terreur de ses Ennemis, & la seureté de ses Sujets; tant d'Edifices publics bâtis, tant de Villes & de Forteresses construites, & les Duels deffendus, font connoître à tout l'Univers, que c'est avec justice que ce Monarque est surnommé le Grand.

TABLE DES MATIERES.

Le premier Chiffre marque la Page, & le second le Numero.

A

Co-

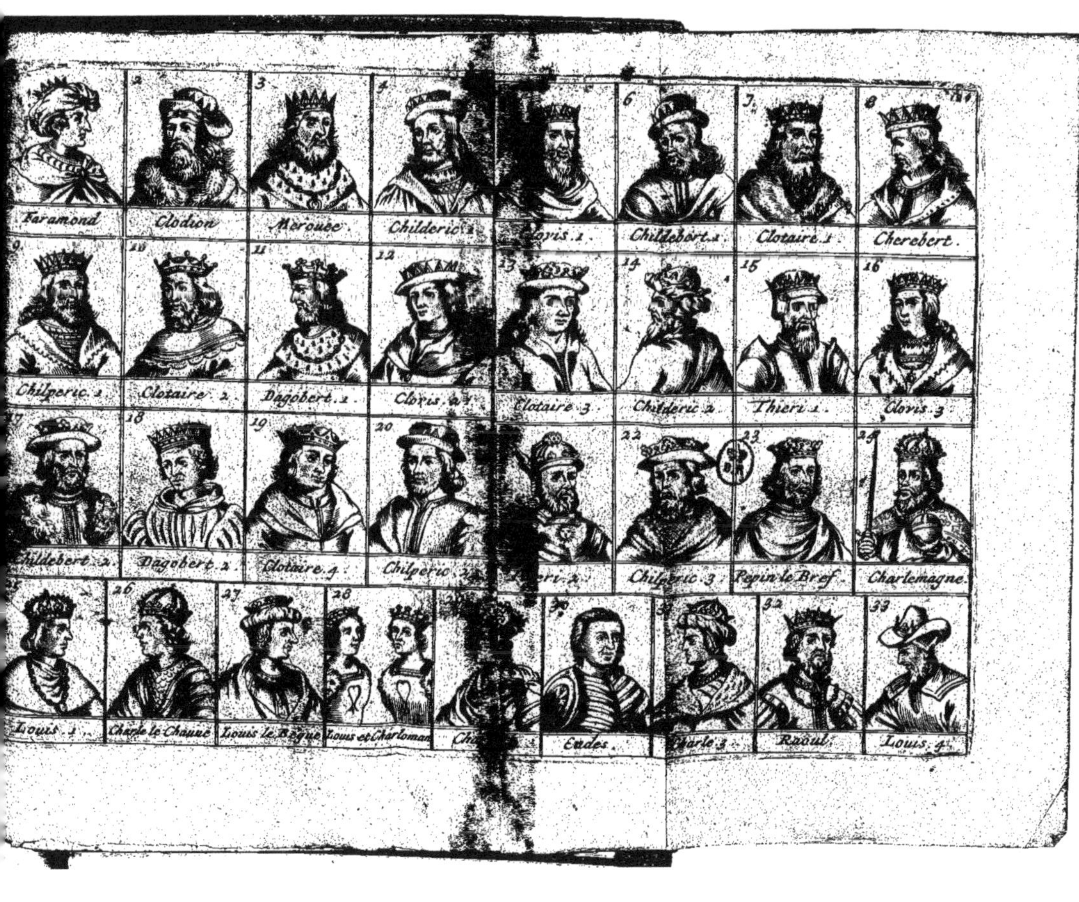

Faramond
Clodion
Merouée
Childeric 1
Clovis 1
Childebert 1
Clotaire 1
Cherebert
Chilperic 1
Clotaire 2
Dagobert 1
Clovis 2
Clotaire 3
Childeric 2
Thieri 1
Clovis 3
Childebert 2
Dagobert 2
Clotaire 4
Chilperic 2
Childeric 3
Pepin le Bref
Charlemagne
Louis 1
Charle le Chauve
Louis le Begue
Louis et Charloman
Eudes
Charle 3
Raoul
Louis 4

34 Lotaire.
35 Louis.5.
36 Hugues Capet.
37 Robert.
38 Henry.1.
39 Philippe.1.
40 Louis.6.
41 Louis.7.
42 Philippe.2.
43 Louis.8.
44 Louis.9.
45 Philippe.3.
46 Philippe.4.
47 Louis.10.
48 Philippe.5.
49 Charle.4.
50 Philippe.6.
51 Jean.
52 Charle.5.
53 Charle.6.
54 Charle.7.
55 Louis 11.
56 Charle.8.
57 Louis.12.
58 Francois.1.
59 Henry.2.
60 Francois.2.
61 Charle.9.
62 Henry.3.
63 Henry.4.
64 Louis.13.
65 Louis.14.

www.ingramcontent.com/pod-product-compliance
Ingram Content Group UK Ltd.
Pitfield, Milton Keynes, MK11 3LW, UK
UKHW012023240726
13965UKWH00002B/546

9 782012 884823